KB081376

행복한
교사는
어떻게
가르치는가?

행복한 교사는 어떻게 가르치는가?

지봉환 지음

정한책방

가장 힘든 계절, 가장 힘든 시간

1

'10분만… 5분이라도….'

매일 아침 침상과 한 몸이 된 몸뚱이는 애원합니다. 그러나 자비를 베풀 여유가 없습니다. 자신이 베푼 자비는 무수의 무자비한 눈총에 시달려야 하기 때문입니다.

덜 떠진 눈을 비비며 새벽바람 가르고 달려가면 높이 솟은 산자락에 터를 잡은 학교를 만납니다. 그곳을 드나드는 아이들을 볼 때마다 지극히 용감한 모험가라는 느낌이 듭니다. 학생이라는 이름표를 가슴에 단 아이들은 '내일의 행복'을 얻기 위해 그들의 삶을 다 바쳐 수백 번도 넘게 교문을 들락거립니다. 청소년기의 많은 즐거움을 포기하고 학교에 오면 '내일의 행복'을 보장한다는 어른들의 말에 기대 '오늘의 기쁨'으로부터 은둔하는 겁니다.

아이들은 매일 교실에 옹기종기 모여 앉아 시간에 맞춰 들락거리는 선생의 관대함에 의지하여 '내일의 행복'을 갈구합니다. 아이들은 매 시간 앎을 청합니다. 선생의 눈빛 하나, 말 한마디도 허투루 대하지 않습니다. 정성을 다해 마음에 담습니다. 선생이 베푸는 가르침이 자신들의 내일을 보장한다는 믿음 때문입니다. 아이들은 마음에 담긴 선생의 흔적들이 기쁨의 싹이 되고 행복이라는 열매를 맺을 것이라고 믿습니다.

매일, 아이들은 '좀 더'를 외치는 몸을 윽박지르고 마음을 달래서 학교로 달려옵니다. 그곳에는 자신의 삶을 보듬어 주는 선생이 있기 때문입니다. 아이들에게 선생은 자신의 미래를 만들어 줄 조물주입니다. 미래의 아이들은 선생이라는 창조주에 의해 만들어지는 피조물인 셈입니다. 선생을 바라보고, 선생의 말을 듣고, 선생의 가르침을 따르고, 선생의 일거수일투족을 놓치지 않으려 애쓰는 이유입니다.

선생을 좇는 일은 힘겨운 일입니다. 매일 매시간 쏟아지는 온갖 요구는 힘에 부칩니다. 그럼에도 해내려 몸부림치는 것은 내일, 기쁨의 삶이 열릴 것이라는 믿음이 있기에 가능합니다.

2

여기에서 한번 생각해 봐야 합니다. 과연 오늘 우리의 교육이 아이들의 믿음에 부응할 수 있는지 말입니다.

아이들에게 제공되는 교육 내용이 아이들의 내일을 기쁘게 만들어 줄 수 있을까? 편식이 건강을 해치고, 한 방면에만 치우쳐 책을 읽는 편독偏讀이 세상에 대한 관점을 방해하듯 특정 과목, 특정 내용만을 강요하는 것은 아닌지 살펴야 합니다. 편중된 교육 내용은 아이의 바르고 건강한 성장을 방해합니다. 아이마다 필요로 하는 내용은 다르기 마련입니다. 아이들은 서로 전혀 다른 존재이고, 이들의 미래 또한 다른 모습이기 때문입니다.

아이들에게 제공되는 교육 방식은 또 어떤지요. 선생이 주인공이 되어 아이들을 관객으로 대하지는 않는지 돌아봐야 합니다. 선생만을 듣고 선생만 볼 것을 강요하는 것은 아닌지 살펴야 합니다. 교과서만 읽고, 쓰고, 볼 것을 요구해서 결국 멀고 넓은 세상을 듣고 볼 수 있는 시야를 잃게 하는 것은 아닌지도 생각해야 합니다. 시키는 일만, 지정된 장소에서, 정해진 시간에, 주어진 과정에 따라, 시키는 방식만을 따를 것을 요구하는 일은 없는지도 고민해야 할 대목입니다. 선생의 생각대로 선생의 요구 하에 이루어지는 노예식 교육 방식으로 이루어지는 교육으로 아이의 미래가 건강할 수 있을지 생각해야 합니다.

아이들에게 제공되는 교육 공간도 돌아봐야 합니다. 교육은 성장이고 발달입니다. 교육 공간이 성장과 발달에 부합한지 살펴야 합니다. 인간의 관점으로 만든 짐승을 기르는 우리가 소나 돼지에게 좋을 리 없고, 인간의 마음에 드는 공간이 화초의 건강에 도움이 되는 것이 아니듯 어른의 눈에 아름다운 공간이 아이에게도 아름다운 것은 아니기 때문입니다. 아이들이 머무는 공간은 즐거운 마음으로 책을 펼치고, 기쁜 만남이 이루어지고, 내일의 자신을 만날 수 있는 힘을 기를 수 있는 공간이어야 합니다. 아이들이 오늘의 자신을 만나 꿈을 꾸고, 몸과 마음에 힘을 더해 갈 수 있는 공간인지 살펴야 하는 이유입니다.

아이들을 학교로 부르면서 내세우는 교육의 이유는 또 어떤지요. 아이들은 유아기, 아주 어린 시절부터 읽고, 쓰고, 풀고, 말하고, 외우기를 강요받습니다. 그러면서 표방하는 이유가 대입大入입니다. 일류대가 미래를 보장한다면서 말입니다. 어린 시절부터 어른의 무거운 요구를 군말 없이 묵묵히 따르는 것은 일류대가 미래를 보장한다는 믿음 때문입니다. 이제 어른이 내세운 학교의 약속이 옳은지 그리고 학교의 요구가 건강한 것인지 따져봐야 합니다. 일류대를 외치는 학교가, 인서울이 교육의 목표가 된 교실이, 높은 성적의 아이들만 입에 달고 사는 선생이 과연 아이들의 미래를 행복하게 만들어 줄 수 있는지 생각해야 합니다.

그리고 선생은 또 어떤지요. 아무리 질 높은 교육 내용을 제공하고, 뛰어난 교육 방식이 제공되고, 아름다운 교육 공간이 마련되어도 선생의 의지가 박약하고, 교육에 대한 철학이 빈약하고, 자신의 전문 분야에 대한 역량이 부족하면 아무리 높고, 뛰어나고 아름다운 교육 내용이나 교육 방식 그리고 공간이라도 그 의미나 가치는 퇴색됩니다. 선생은 자신을 냉철한 눈으로 살펴야 합니다. 연중행사가 아니라 매일 매순간 아이 앞에 설 자격을 냉정하게 물어야 합니다. 그리고 솔직하게 답해야 합니다.

선생은 아이들과 가장 가까운 거리에서, 가장 많은 시간 아이들과 함께합니다. 아이들에게는 선생의 모든 것이 볼거리고 들을 거리입니다. 선생이 풍기는 향 하나까지도 아이들의 삶에 스며들게 마련입니다. 선생은 그 자체로 교과서이고 삶의 지침이며, 방향이고 준칙입니다. 선생의 말, 눈빛, 몸가짐 그리고 지적, 정서적 역량은 하나도 빠짐없이 그대로 아이의 성장 재료가 됩니다. 아이는 선생을 통해 성장합니다.

3

교육에 관심을 기울이는 만큼 아이들의 미래는 밝아집니다. 아이들이 보고, 듣고, 읽고, 쓰고, 풀고, 외우는 교육 내용에 관심을 기울이고, 아이들 성장에 필요한 내용을 들려주고, 보여주고, 느끼게 해주고 생각을 돕는 교육 방식을 고민하고, 아이들이 머무는 공간이 아이들이 세상을 품고, 세상을 듣고 볼 수 있는 공간인지 살피고, 아이들은 선생의 역량만큼 자란다는 무거운 책임감을 갖고 능력을 갖추려 마음과 힘을 다할 때 교육은 성장합니다.

오늘 교육에 쏟는 열정과 애정과 관심과 사랑은 아이들의 미래에 대한 열정이고 애정이고 관심이고 사랑입니다. 교육 내용을 고민하고, 교육 방식에 관심을 쏟고, 아이들의 공간을 살피고, 선생의 역량을 기르는 데 온 힘을 기울이는 것은 결국 아이들의 미래를 살피고, 아이들의 미래를 고민하고, 아이들의 미래에 관심을 기울이고, 아이들 미래의 역량을 강화하고, 아이들의 성장을 지지하고 응원하는 일입니다.

좋은 교육은 특정한 한두 사람만의 힘으로 이루어지지 않습니다. 무수히 많은 이들의 손발 그리고 마음이 힘을 모아야 가능한 일입니다. 한 아이, 한 아이의 특성은 무엇이고, 성장시킬 수 있는 바람직한 방법은 무엇인지, 아이가 바라는 삶은 무엇이고, 그러한 삶을 위한 조건은 무엇인지 알아야 합니다. 뿐만 아닙니다. 그러한 아이들이 꿈꾸고 바라는 삶의 조건을 갖추기 위해서 누가, 무엇을, 어떻게 해야 하는지 세심한 배려의 손길이 필요합니다. 한 아이, 한 아이의 삶은 저절로 만들어지지 않습니다. 한 아이가 만들어지기까지는 수많은 이들의 손길이 필요합니다.

아이들을 위한 손길이 모이면 교육이 됩니다. 교육은 아이의 발견과 성장 그리고 삶을 도와 줄 손길을 모아 제공하는 일입니다. 아이들은 이러한 손길들의 도움으로 자신을 발견하고, 능력을 기르고, 성장해서, 자신이 바라는 삶을 이루고 이를 통해 사회에 도움이 되는 삶을 꾸려갈 수 있게 됩니다. 아이의 삶에 관심을 쏟고 내미는 손길은 사랑입니다. 아이를 위한 배려이고 아이의 삶을 지지하고 응원하는 힘이기도 합니다. 아이는 어른의 손길을 통해 힘을 얻고 성장합니다.

이 책은 2018년 출간된 《교사 반성문》을 수정하고 보완한 것입니다. 여전히 아이들의 내일에 도움이 되는 교육인지 살펴야 할 부분이 곳곳에 이런저런 빌미를 단 채 쌓여 있습니다. 이 책에 소개된 수많은 사상가들의 교육적 관심과 고민은 오늘 우리에게도 그대로 타당합니다. 그들의 고민은 우리의 고민이고, 그들의 생각은 우리의 생각이며, 그들의 관심과 애정 역시 우리가 품어야 할 사랑입니다. 그리고 그들이 흘렸던 땀은 우리가 쏟아야 할 열정입니다. 교육은 습관처럼 이루어지는 무기력한 행사가 아닙니다. 인간을 새롭게 하고, 삶의 장애를 제거하여 한 사람의 인간으로서 평생 힘 있게 살아갈 수 있도록 도와주는 삶의 에너지입니다.

앞서 사상가들이 기울인 교육적 관심과 노력이 오늘 많은 이들이 교육에 관심을 기울이고 건강한 교육을 위해 힘을 모으는 계기가 되기를 바랍니다. 오랜 시간 인류가 기울인 교육적 관심은 교육이라는 여행에서 길을 잃지 않고 제 길을 찾아 걸을 수 있는 나침반입니다. 그리고 그 나침반을 따라 걸으며 흘리는 우리의 땀방울은 아이들의 삶을 더욱 풍요롭고 빛나게 만드는 힘이 됩니다. 아이에 대한 사랑과 그들의 성장을 돕기 위한 의지와 땀은 타협할 수 없는 교육의 대원칙입니다.

끝으로 여러 가지로 힘들고 어려운 여건 속에서도 오직 좋은 교육을 위한 신념 하나로 출간을 허락해 주신 천정한 대표님께 깊은 감사의 말씀을 드립니다.

2021년

- 지봉환

이 책을 읽는 이들에게

언제부턴가 이런 의문이 들기 시작했습니다.

교육은 원래 힘들고 어려운 일일까? 교문은 언제부터 고통의 문이 되었고, 학교는 왜 떠나고 싶은 곳이 되었을까?

책상이 침상이 되고 일만 겁의 인연이라는 사제의 거리가 그토록 멀어지는 이유는 또 무엇일까? 교실은 왜 저마다의 꿈들이 부딪치는 치열한 전장이 되고, 친구는 딛고 일어서야 할 경쟁자가 되었을까?

의문은 꼬리에 꼬리를 물고 이어집니다.

왜, 아이들은
두려움에 움츠려야 하고, 견디기 힘든 압박감에 시달려야 하는가?
비인간적 대우에도 눈감고, 힘겨움과 고통을 홀로 견뎌야만 하는가?
치욕스러운 상처를 입고 명예가 더럽혀지고 속박을 받아도 묵묵히 참아야만 하는가?

교육은 인간이 마땅히 걸어야 할 길임에도 그 길이 순탄치 않습니다. 많은 아이들이 힘겨워하고 고통스러워합니다. 학교를 향한 아이들의 발걸음이 가볍지 않습니다. 걸음걸음 억지가 역력합니다.

이 책은 아이들의 발걸음을 가볍게 해 주고 싶은 마음을 담았습니다. 아이들의 걸음을 무겁게 짓누르는 장애물을 제거해 주고 싶었습니다. 그리고 아이들이 즐거운 마음으로 책가방을 챙기고 교문을 들어서게 하고 싶었습니다. 어쩔 수 없는 발걸음이 아니라, 학교에 가고 싶은 마음이 솟구쳐서 달려오게 하고 싶었습니다.

그토록 힘겹고 고통스러운 길이지만 아이들은 걷고 또 걷습니다. '이 길을 걸어야 너희의 바람을 이룰 수 있다'라는 어른의 말에 대한 신뢰의 걸음입니다. 어른은 아이들의 신뢰를 저버리지 말아야 합니다. 아이들이 교문을 나설 때에는 들어설 때보다 성숙한 모습이어야 합니다. 학교에서 보낸 많은 시간들이 또 다른 자신을 창조한 생산의 시간이 되어야 합니다.

'교육은 삶의 요구입니다.'

교육이 인간의 긴 역사와 함께 성장해 올 수 있는 것은 시대의 바람과 그 시대를 살아가는 인간의 요구를 적극 수용했기 때문입니다. 교육은 시대의 편에 서서 시대를 성원했고, 인간의 편에 서서 인간을 응원했습니다. 교육은 늘 새로운 시대, 새로운 인간을 위해 고군분투해 왔습니다.

교육은 새로움을 추구합니다. 새로움은 오늘을 벗고 내일을 입는 일입니다. 이것이 교육이 변화에 주목하는 이유입니다. 변화는 교육을 가장 잘 드러내는 말입니다. 인간의 삶은 변화의 과정입니다. 교육은 끊임없는 변화고, 성숙이고, 완성입니다. 지금까지 인간은 바람직한 변화를 위한 교육적 노력을 쉼 없이 기울여 왔습니다.

이러한 변화는 개인에게 머물지 않고 사회의 성장과 발달로 확대됩니다. 그리고 변화된 사회는 또다시 새로운 인간을 요구합니다. 이처럼 개인의 변화는 사회의 변화를 이끌고 변화한 사회는 새로운 사회에 걸맞는 새로운 인간을 요구하게 됩니다. 교육의 필요는 사회를 변화시킬 인간과 새로운 사회의 요구에 부응하는 인간 만들기라는 이 지점에서 생겨납니다.

교육은 사람을 사랑하고 사회를 돌볼 줄 아는 사람을 만드는 일입니다. 이러한 사람은 저절로 되지 않습니다. 사람은 교육으로 인해 비로소 사람다움을 갖추어 갑니다. 교육으로 모난 부분이 다듬어지고 부족함이 메워집니다. 거친 부분이 부드러워지고 사나운 부분이 온순해집니다. 얇았던 것이 두터워지고 흐릿했던 것이 진해집니다. 사람은 교육을 통해 자신의 존재를 깨닫고, 타인의 존재를 지각하고, 그들과의 관계를 인식합니다. 자신만 바라보던 눈이 타인으로 확대되고 세상으로 넓어집니다.

그동안 교육은 때로 쇠를 달구어 어떠한 일을 하는 데에 사용하는 도구를 만드는 대장장이일 정도로 인식하는 경우도 있었습니다. 교육에 대한 잘못된 인식과 오해가 부른 결과입니다. 교육은 결코 무엇을 위한 도구적 존재를 만드는 일이 아닙니다. 존 스튜어트 밀은 교육은 기술자가 아닌 인간을 만드는 일이라고 말합니다.

교육 정책이나 제도는 그래서 중요합니다. 인간적이고 교육적인지 생각해야 합니다. 모든 아이들이 웃을 수 있고, 즐겁게 참여할 수 있으며 능력을 마음껏 발휘하고 성장시킬 수 있는 제도나 정책이어야 합니다. 교육은 정의로울 때 교육이 됩니다. 정의는 교육의 또 다른 이름입니다.

이 책은 우리 교육에 대한 성찰입니다. 아이들을 고통으로 내몰았던 지난 교육에 대한 참회고 아이들의 웃음 회복을 위한 다짐이기도 합니다. 동시에 교육의 길에 놓여 있는 부정의를 살피고 정의를 이야기합니다. 이 이야기는 지금까지 걸어온 교육에 대한 이야기이며, 지금 펼쳐지고 있는 교육에 대한 이야기이고, 앞으로 전개될 교육에 대한 이야기입니다. 그리고 동시에 지금까지 걸어온 교육의 길에 대한 물음이고, 지금 펼쳐지고 있는 교육에 대한 물음이며, 앞으로 전개될 교육에 대한 물음입니다. 그리고 좋은 교육을 위한 합리적이고 교육적이며 인간적인 교육에 대한 제안입니다.

교육은 아이들의 행복을 위한 어른들의 배려고 사랑입니다. 그러나 아이의 행복을 위한 교육이 오히려 아이들이 행복해질 가능성을 파괴하지는 않는지 염려스럽기도 합니다. 이 책이 교육에 진정어린 관심을 기울이고, 보다 바람직한 교육의 길을 찾는 계기가 되기를 소망합니다.

차례

교육의 길, 셋

윤리적 교육 아이들을 주인공으로 대하는가 ... 236

교육은 삶이 고안한 삶의 창조물입니다.
인간은 보다 나은 삶을 위해 교육을 고안했습니다.
그리고 인간은 자신이 고안한 교육을 통해 끝없이
새로운 존재로 변모해 왔습니다.
교육은 인간에게 새로움을 덧입혀 새로운 존재를 만들고
새로워진 인간은 또 다른 자신을 위해 새로운 교육을 고민합니다.

물음
하나

인간에게 교육은 무엇인가?

인간과 교육, 서로를 창조하다

교육은
사람을 만드는
일입니다.

학생 교육에 대한 이야기는 수없이 듣고 있지만 진지하게 교육이 무엇인지에 대해 깊이 고민하고 생각해 보지 못했던 것이 사실입니다. 부끄럽지만 교육이 무엇인지도 모른 채 교육을 받아 왔던 셈입니다. 선생님께 교육에 대한 자세한 말씀을 듣고 싶습니다.

교사 네, 좋은 생각이에요. 무엇이든 알아야 행할 수 있어요. 모르고 행할 수 있는 일은 없어요. 모르면서 움직인다는 것은 위험한 일이지요. 교육도 그래요. 그래서 앎은 중요해요. 행동의 근거가 되기 때문이지요. 교육에 대해 알아야 무엇을 어떻게 해야 할지 정할 수 있다는 말이지요. 모르면 할 수 없는 일이잖아요. 그런 의미에서 교육이 무엇인지에 대한 생각은 중요합니다.

학생 지금까지 학생이라는 이름으로 학교에 다니면서도 교육이 무엇인지, 학교는 어떤 공간이고 또 어떤 공간이어야 하는지, 무엇을 배워야 하고 또 배우는 이유는 무엇인지와 같은 학생이라면 마땅히 관심을 가져야 할 교육에 대해 별 생각이 없었던 것이 사실이에요.

교사 그런데 교육에 대한 관심은 학생에게만 주어진 과제는 아니에요. 사회 구성원 모두에게 주어진 공통 과제입니다. 특히 아이들 가까이에서 직접 영향을 미치는 자리에 있는 교사나 부모의 교육적 관심은 더욱 중요하고 절실해요. 교사나 부모의 삶은 그 자체가 교육이거든요.

학생 네, 이제라도 관심을 가져야겠어요.

교사 네, 좋은 생각입니다. 그러면 교육이 무엇인지부터 생각해 보겠습니다. 저는 교육을 '인간을 새로운 존재로 만드는 작업'이라고 생각해요. 자기 창조인 거죠. 창조의 대상은 자기 자신이니까요. 인간은 태어나는 순간부터 매일 새로운 자신으로 거듭나는 겁니다. 오늘의 자신과 내일의 자신은 분명 다른 존재인 거지요. 물론 매일매일 변화되는 자신을 눈으로 확인하기란 쉬운 일은 아니지만 변화되는 것만은 분명한 사실입니다. 이처럼 인간은 늘 새로운 존재로 탈바꿈합니다. 그러면 이처럼 새로운 존재로 변화되게 하는 힘은 무엇일까요? 그것이 바로 교육이라는 겁니다.

학생 변화는 자연스러운 현상 아닌가요? 키나 몸무게 같은 신체적 변화든 성격이나 성품 같은 정신적 변화든 새로운 존재로 변하는 것은 교육과 관계없어 보이는데요.

교사 네, 얼핏 보면 그렇게 생각할 수도 있어요. 그런데 좀 더 깊이 생각해 보면 교육의 작용임을 알 수 있습니다. 먼저 교육과 관계없어 보인다는 것은 교육이 학교에서만 이루어지는 것이라는 생각 때문이에요. 그러나 교육은 언제든 어디서든 일어나요. 학교에서만 이루어지는 것이 아니지요. 교육의 시간도 정해져 있지 않지요. 교육은 태어나는 순간부터 죽을 때까지 항상 이루어지는 겁니다. 즉, 내가 있는 곳이 학교고 그곳에서 내가 듣고 보는 것이 교육인 거지요. 이때 내가 무엇을 보고 듣느냐 하는 것이 나를 변화시키는 원인이 됩니다. 다시 말하면 나를 둘러싸고 있는 인위적이든, 자연적이든 모든 환경이 자신의 감각기관을 통해 자신을 자극하고, 자신을 가르치고, 자신을 변화시키게 되는데 그것이 교육이라는 겁니다.

학생 저의 모든 활동이 저를 변화시키는 교육적 작용이라는 사실이 놀랍네요. 변화된 자신이 바로 새로운 존재로 창조된 교육의 결과라는 말씀도 그렇고요. 그래서 교육을 인간을 만드는 창조 작업이라고 하신 거군요.

교사 그래요. 인간은 끊임없이 자신을 대상으로 새로움을 추구하고 새로운 존재로 변화시켜요. 삶은 스스로를 변화시켜가는 과정인 거구요. 인간은 매일 매순간 새로운 존재로 재탄생하고 있는 셈입니다. 이러한 변화는 일생 동안 계속됩니다. 얼마나 신기한 일인가요. 이러한 변화의 중심에 교육이 있는 겁니다. 인간은 모두 교육을 통해 자신을 창조하는 창조주이고 동시에 자신으로부터 새로운 존재로 만들어지는 피조물인 셈이지요.

학생 그렇게 생각하니 제 자신이 무척 자랑스럽게 여겨지네요. 고통스러운 일로만 여겨졌던 교육도 다시 보게 되고요.

교사 그럼요. 인간은 누구나 대단한 존재입니다. 자부심을 가질 충분한 이유가 있어요. 그리고 교육은 삶을 치장하고 장식하는 일이 아니에요. 부풀려서 과시하기 위한 행위는 더더욱 아니지요. 단순히 자신을 다듬고 새롭게 창조하는 일인 거죠.

학생 교육은 성스러운 행위라는 생각이 듭니다. 정말 교육을 받을 수 있다는 사실에 감사해야겠어요. 그런데 어디에서든 교육이 이루어진다고 말씀하셨는데 그렇다면 굳이 학교에 다닐 이유가 있을까요?

교사 그렇게 생각할 수도 있어요. 보고 듣는 것은 세상에 널려 있으니까요. 그럼에도 학교가 필요한 이유가 있습니다. 하나는 다양한 환경을 접할 기회를 제공해 준다는 겁니다. 지금까지 인간을 형성하고 삶을 지배해 온 과거의 환경은 물론 현재 우리의 삶을 제조하는 다종다양한 환경 그리고 앞으로의 삶을 지배하게 될 환경의 모습까지 인간의 삶을 형성하는 환경의 모습을 갖가지 형태로 제공합니다. 다른 하나는 학교가 환경을 선택하고 활용하는 능력을 길러줍니다. 모든 환경이 호의적이지 않습니다. 폭력을 행사하고 공격을 감행하는 환경들도 적지 않습니다. 누구든지 자유롭게 자기가 원하는 대로 또 자신의 선택에 따라 자신을 변화시킬 수는 없어요. 이것이 환경을 선택하고 활용하는 능력이 필요한 이유입니다. 또 다른 하나는 학교 자체가 좋은 환경을 제공해 준다는 겁니다. 마치 농부들이 농작물 성장을 도와주듯 학생이 가치를 높일 수 있도록 좋은 환경을 제공합니다. 그리고 학교는 환경이 변화할 방향을 제시해주기도 합니다. 세상의 변화를 바라보는 시야를 넓혀주고 환경을 이해하고 해석하는 능력을 길러줍니다. 자신을 어떻게 재창조할 것인지 자신을 어떤 모습으로 탈바꿈시킬 것인지 등 자신의 미래를 그려보고 그 모습을 성취할 수 있는 능력을 길러주는 곳이 학교입니다.

학생 아! 그래서 환경이 중요하다고 말씀하시는 거군요.

교사 그럼요. 사람은 환경에서 배우는 거거든요. 사람마다 사는 모습이 다른 것은 그들이 보고, 듣고, 느낀 환경이 다르기 때문에 그래요.

학생 아, 정말 인간은 환경적 존재라는 말이 실감나요.

교사 그렇지요. 환경만큼 중요한 선생님은 없어요. 인간은 누구나 환경의 영향에서 자유로울 수 없습니다. 누구나 환경의 피조물인 셈입니다.

학생 선생님께서는 교육이 자신을 창조하는 작업이고, 창조하기 위해서는 그러한 환경이 중요하다고 말씀하셨는데 좋은 환경이란 어떤 것인지요?

교사 참 좋은 질문입니다. 환경에 관심을 기울이는 것은 곧 자신의 삶에 관심을 기울이는 일과 같아요. 삶에 관심이 있는 사람이라야 환경에 눈을 뜨게 되거든요. 삶에 관심 없으면 환경에 신경 쓸 이유가 없어요. 그럼 좋은 환경에 대해 생각해 보죠. 먼저, 좋은 환경이란 교육적 환경이라고 할 수 있습니다. 앞에서 교육은 자기를 창조하는 작업이라는 말씀을 드렸는데, 좋은 환경은 자신을 새로운 존재로 창조하기에 적합한 환경을 의미합니다. 교육이 근본적으로 추구하는 것은 사람입니다. 교육은 사람을 만드는 일이거든요. 물론 사람 아닌 사람은 없습니다. 누구나 사람으로 태어납니다. 그런데 자신이 원하고 사회가 바라는 삶을 살아가는 사람은 많지 않습니다. 교육은 사람의 모난 부분을 다듬고, 부족한 부분은 보완하고, 작은 부분은 키우고 지나친 부분은 줄이는 작업입니다. 교육은 인간의 모습을 다듬어 주는 일이에요. 이러한 작업을 통해 본인은 물론 다른 사람에게도 즐거움을 주는 삶을 살아갈 수 있는 사람을 만드는 일입니다. 그러니까 좋은 환경이란 먼저, 자신을 발전적으로 변화시킬 수 있는 볼거리, 들을 거리, 만질 거리 등 체험 요소를 많이 제공해 주는 환경입니다. 그리고 두 번째는 인간적 환경이라고 할 수 있습니다. 비인간적 요소가 없어야 좋은 환경입니다. 인간성을 해치는 환경이라면 인간다운 변화는 어려울 테니까요. 마지막으로 생각해 볼 수 있는 것은 윤리적이어야 한다는 겁니다. 아무리 보고 듣고 즐길 거리로 넘쳐난다 해도 윤리적이지 못하면 좋은 환경이라고 할 수 없습니다. 도덕적이고 윤리적인 환경은 교육을 이끄는 가장 근본적인 토대입니다.

학생 좋은 환경 여부는 누가 무엇을 기준으로 판단해야 하는 건가요?

교사 판단하는 사람은 자신입니다. 그리고 혼자만의 힘으로 어려울 경우에는 주변 사람들에게 도움을 구하는 것도 좋은 방법입니다. 그러면 잠깐, 환경을 판단하는 기준에 대해 생각해 보겠습니다. 먼저, 교육적 환경의 여부를 구분하는 기준은 타인과의 관계를 조화롭게 유지하고, 자신의 개성과 능력을 찾아 신장시키고 지식과 기능 그리고 이치를 깨닫고 익히고 자신의 인격을 수양하는 것이 가능한 환경인가라는 것입니다. 두 번째로 인간적 환경의 여부를 판단하는 기준은 인간이 서로를 목적으로 대하고, 존엄한 인격으로 만날 수 있는 환경인가 하는 것입니다. 그리고 윤리적 환경 여부를 구분하는 기준은 사람다운 공동체 형성에 기여하고, 아름다운 마음을 모든 사람에게 넓혀줄 수 있는지, 그리고 사람들의 행복 증진에 기여할 수 있는 환경인가라는 것입니다. 이러한 기준을 참고하여 꼼꼼하고 정직하게 점검해야 합니다. 우리는 급격하게 변하는 환경을 냉철하게 관찰하고 분석하는 능력이 필요합니다. 그럴듯한 환경에 현혹되지 않도록 유의해야 합니다. 그리고 환경의 영향은 내용과 상황에 따라 다르지만 평생을 지배한다는 사실을 명심해야 합니다.

학생 다양한 환경을 접하려면 많이 돌아다니는 것이 도움이 되지 않을까 싶어요. 그래야 많은 것을 볼 수 있고 들을 수도 있을 테니까요.

교사 참 좋은 생각입니다. 그래서 여행을 좋은 교육 방법으로 권장하기도 합니다. 매일 접하는 좁은 교실 안에서 책만 붙들고 앉아 있어서는 많은 것을 체험할 수 없겠지요. 인간의 이목구비 등 감각기관을 바쁘게 해주는 것이 좋은 교육적 환경을 제공하는 겁니다.

학생 이러한 노력을 통해 만들고자 하는 사람은 어떤 사람인지요?

교사 네, 지금까지 교육이 무엇인지 알아보았으니 교육이 추구하는 사람의 모습에 대해 생각해 보겠습니다.

인간은 오늘보다 나은 내일을 지향합니다. 보다 강하고, 보다 풍요롭기를 바랍니다. 보다 아름답고 보다 행복한 삶을 꿈꿉니다. 교육은 이러한 인간의 바람을 응원합니다. 교육이 이루고자 하는 사람은 자신을 알고 자신을 사랑할 줄 아는 사람입니다.

타인이 아닌 자신의 삶을, 타인이 아닌 자신의 의지로, 타인이 아닌 자신이 원하는 방식으로, 타인이 아닌 자신의 힘으로, 타인이 아닌 자신이 만든 길을 타인과 사회가 조장한 욕망이나 유혹에 넘어가지 않고 스스로 자신의 삶을 자신 있고 당당하게 살아가는 사람입니다.

물음
둘

교육, 어떤 인간을 추구할 것인가?

주체적이고 창조적이며 윤리적 존재를 탐하다

교육이 없으면
인간도 없습니다.

학생 교육은 사람을 만드는 일이라는 말씀 잘 들었습니다. 이제 교육이 만들고자 하는 사람은 어떤 사람인지 궁금합니다.

교사 네, 교육이 만들고자 하는 사람에 대해 생각해 보죠. 어떤 사람을 추구하느냐 하는 것은 교육의 본질적 물음입니다. 교육은 기본적으로 사람을 행복하게 해야 합니다. 이때의 행복은 개인의 행복뿐 아니라 공동체와 구성원 모두의 행복을 의미합니다. 그러기 위해서는 개인적으로도 만족하고 공동체 구성원으로서도 손색없는 사람이어야 합니다. 개인에게만 관심을 두거나 혹은 개인의 삶은 없고 오직 공동체만을 앞세우는 삶은 모두 바람직하지 않습니다. 개인의 삶과 공동체의 삶을 조화롭게 가꾸어 갈 수 있는 존재를 양성하는 것이 교육에게 주어진 교육적 책무입니다.

학생 네, 그렇다면 개인의 삶과 공동체의 삶을 조화시켜 나갈 수 있는 존재가 갖추어야 할 조건에는 어떤 것들이 있는지요?

교사 개인과 공동체의 조화를 위해 인간이 갖추어야 할 조건 몇 가지를 생각해 보겠습니다. 첫째는 주체성입니다. 자신의 일을 외부의 힘에 의지하지 않고 자신의 힘으로 처리할 수 있는 주인으로서의 당당한 능력을 의미합니다. 둘째는 세상을 바꾸고 변화를 주도할 수 있는 창조적 힘입니다. 그것은 이미 만들어진 세상에 머무는 삶이 아닌 새로운 세상을 고민하고 새로운 세상을 만들기 위한 의지입니다. 마지막으로는 윤리적 능력입니다. 윤리적 능력은 자신보다 타인을 앞세울 줄 아는 따뜻함을 말합니다. 그리고 타인의 기쁨과 슬픔을 자신의 일부로 느끼는 마음입니다.

학생 교육을 받으면 누구나 이러한 사람이 될 수 있나요?

교사 물론입니다. 그런데 누구나 자연스럽게 갖출 수 있는 조건은 아닙니다. 조건을 갖추기 위한 노력이 필요합니다. 대표적인 노력이 교육입니다. 물론 모든 교육이 이러한 조건 형성을 돕는 것은 아닙니다. 교육의 방식이나 내용에 따라 만들어지는 사람의 모습은 사뭇 달라지기 마련이니까요. 교육의 질이 사람의 질을 결정짓는 거지요.

학생 사람의 조건을 갖춘다는 것이 쉽지 않아 보여요. 그런데 꼭 이러한 조건을 갖추어야 하는 걸까요?

교사 물론입니다. 인간은 언제 어디에서 어떤 일을 하든지 이러한 조건을 갖추어야 합니다. 도덕적이고 당당하고 창의적이고 적극적이고 주체적이며 타인과 더불어 살아갈 수 있어야 합니다. 이런 조건은 개인의 삶은 물론 타인과의 관계, 그리고 공동체의 건강을 위해서도 필요한 일입니다. 이러한 조건을 갖춘 사람이라면 개인의 행복과 공동체의 발전에 공헌함은 물론 구성원 간의 관계 또한 원만하게 만들어 갈 수 있게 됩니다. 인간의 삶은 개인적이면서 동시에 사회적입니다. 따라서 개인적 삶을 위해 필요한 조건과 사회적 존재로서 갖추어야 할 조건을 모두 갖추고, 그것을 조화롭게 활용할 때 성공적이고 행복한 삶을 꾸려갈 수 있게 됩니다.

학생 교육을 통해 만들고자 하는 사람에 대한 말씀 잘 들었습니다. 그러면 이러한 사람을 만들기 위해서는 어떤 노력이 필요할까요?

교사 네, 교육이 추구하는 사람을 만들기 위해 어떤 노력을 기울여야 하는지 생각해 보겠습니다.

인간은 교육의 가장 아름다운 대상입니다. 인간의 미 그리고 힘은 교육을 통해 형성됩니다. 인간의 미는 타인을 생각하는 윤리적 능력에서 나옵니다. 인간의 힘은 새로운 세상에 대한 관심과 자유를 갈망하는 창조적 능력과 주체성에 담겨 있습니다. 윤리적 교육을 통해 인간의 아름다움은 빛을 냅니다. 창조적 능력은 수많은 시선으로부터의 자유, 구속과 제한 없이 보고 듣고 떠들고 소리 지를 수 있을 때 가능합니다. 교육은 인간의 미와 힘을 위한 사회적 장치이고 노력입니다. 교육을 통해 인간의 아름다움은 드러나고 힘은 커집니다. 물론 모든 교육이 이러한 인간의 아름다움과 힘을 실현시키는 것은 아닙니다. 교육에도 교육다움이 필요합니다. 교육의 교육다움은 인간을 '무엇을 위한 수단이나 도구로서의 존재'가 아니라 '인간을 위하는 인간의 일'이라는 생각으로부터 출발합니다. 이러한 생각을 토대로 주체적이고 창조적이며 윤리적 존재는 형성됩니다.

물음
셋

인간, 무엇으로 실현할 것인가?

교육적이고 인간적이며 윤리적 교육이 길이다

교육의 길
하나

교육적 교육
아이들의 능력을 모두 허용하는가?

능력에 대한 상식적인 질문 두 개.
하나. 능력은 누구에게나 있는가?
둘, 모든 능력은 필요한가?

능력 없는 사람은 없습니다. 무능은 능력이 드러나지 않았음을 의미할 뿐입니다. 능력은 성공과 생존을 결정합니다. 이것이 모든 능력이 소중한 이유입니다. 교육은 능력을 발굴하고 성장을 추구합니다. 드러내지 않는 능력은 다만 자원 그 자체로 머물 뿐 결코 창조적인 생산물이 될 수 없습니다. 교육은 창조적 작업이고 생존의 힘입니다.

모든 아이가
주인공인가

봉오리는 누구에게나 있다. 꽃을 피우지 않은 아이에게도

교사 먼저, 이런 상황을 생각해 봅시다.

> 'TV를 켜고 채널 4번에 맞춰라.' 교내 방송이 요란하게 울린다. 그리고 아이들을 호명하는 소리가 이어진다. 다급하다. 목소리에 날이 섰다. 반별로 두 명 혹은 세 명 정도의 아이들이 방송실로 뛰어간다. 불호령을 피하기 위한 발걸음이다. 반장은 교실 천정에 매달려 있는 TV를 켜고 채널을 맞춘다. 그리고 조용히 TV를 응시한다. 어수선하던 장면이 사라지면 이어 상장을 나누어주는 장면이 나타난다. 한 사람, 한 사람 단상으로 불려 나온다. 상장을 받아 든 아이들의 자랑스러운 모습이 지나면 칭찬의 소리가 뒤를 따른다. "학교를 빛낸 자랑스러운 친구들이다. 큰 박수로 고마움을 전하자."

학교에서 행해지는 조회 풍경을 생각해 본 겁니다. 대회 종류도 많지요? 수상 사유도 가지가지고요. 수학경시대회, 과학경진

대회, 영어회화대회, 축구, 야구, 탁구, 농구 배드민턴 등 각종 스포츠대회, 컴퓨터경진대회, 글짓기대회, 학업상, 근면상, 선행상, 효행상…. 참 종류가 요란합니다.

그런데 모든 아이들이 상을 받고 박수를 받는 것은 아닙니다. 수상자 명단에 들지 못한 이름이 훨씬 많죠. 수상자 명단에 이름이 없는 이유는 무엇일까요? 단순히 박수 부대로 머물러야 하는 이유는 무엇일까요? 1등만을 바라보고 인정하는 풍토가 빚은 결과는 아닌지 모르겠습니다. 이렇게 아이들을 줄 세우는 이유는 무엇일까요? 줄 세우기, 또 다른 차별은 아닐까요? 학대는 지나친 표현일까요?

상을 받는 아이들에게는 어김없이 무한한 칭찬의 소리가 부상으로 주어집니다. 그렇다면 상을 받지 못하는 아이들에게는 상을 받은 아이들에게 부상으로 주어지는 칭찬의 소리가 어떤 의미로 받아들여질까요? 수상자에게 부상으로 주어지는 칭찬의 소리는 상을 받지 못하는 아이들에게는 가슴을 찌르는 질책의 소리입니다. 질책의 소리는 마음 속 깊은 곳에 아물지 않을 상처로 남을 겁니다. 어른들은 아이들에게 씻을 수 없는 마음의 상처를 상으로 준 셈이지요. 이들이 받아 든 상장은 거실 벽이 아닌 마음의 벽에 씻을 수 없는 상처로 영원히 걸려 있을 것이 분명합니다. 이처럼 누군가에게 주어지는 상은 또 다른 누군가에는 상처일 수 있습니다.

학생 그런데, 상은 특별한 재능을 뽐낸 아이에게 주어지는 것 아닌가요?

교사 물론이에요. 중요한 것은 누구나 특별한 재능이 있다는 겁니다. 즉 누구에게든 상의 요소는 있는 거지요. 누구든 다른 사람보다 뛰어난 부분이 있게 마련입니다. 단지 찾으려는 노력이 부족한 겁니다. 사회가 관심을 기울이지 않는 거지요. 고유의 가치를 지닌 능력임에도 사회의 요구에 불응하는 능력은 외면하고 부응하는 능력은 치켜세워주는 편파성이 문제라는 겁니다. 능력을 가르고 특정 능력만을 능력으로 인정하고 나머지를 소외시키는 건 교육이 아닙니다. 아이의 모든 능력에 관심을 기울이는 것이 교육이 행해야 할 중요한 원칙 중 하나입니다. 인간의 능력은 어떤 것이든 모두 싹을 틔우고 꽃을 피우고 열매를 맺기 위해 존재하는 거거든요. 씨앗이 발아되기 위해 존재하듯이 말입니다. 그러니까 모든 능력이 꽃을 피울 수 있도록 기회를 주어야 해요. 교육은 능력이 밖으로 나와 정당한 대우를 받도록 기회를 부여하고 힘을 북돋우는 일이니까요. 능력에 대한 관심의 차이는 능력에 대한 차별이고 인간 자체에 대한 차별입니다. 사회는 사회의 필요를 충족시켜 줄 수 있는 능력만을 능력으로 인정하는 경향이 있습니다. 이러한 능력을 평가하는 사회적 시선이 학교에까지 침투하여 학생의 능력평가의 기준으로 작용할 때 아이들은 졸지에 능력 있는 아이와 능력 없는 아이로 나뉘게 됩니다. 세상에 무능한 사람은 없는데도 말입니다. 아이가 지니고 있는 상賞의 요소를 찾는 것이 교육의 역할임을 잊어서는 안 됩니다.

학생 그러니까 아이가 지닌 능력을 찾아야 한다는 말씀이지요? 그 능력의 성격에 상관없이요.

교사 그렇습니다. 아이가 지닌 능력의 내용이나 성격은 중요하지 않아요. 다만 모든 아이들이 스스로 능력인이라는 사실을 깨닫는 것이 중요합니다. 함부로 무능한 존재라는 낙인을 찍지 말라는 말이지요.

학생 그러면 모든 아이들이 상을 받을 수 있게 되겠군요.

교사 물론입니다. 누군가로부터 상을 받는다는 사실도 중요하지만 자신을 바라보는 눈이 달라진다는 것이 중요합니다. 스스로를 자랑스럽게 생각하고 존중하게 됩니다. 당당해지는 거지요. 어디서든 자신을 거리낌 없이 드러내게 됩니다. 무언가 할 수 있다는, 남과 다른 독특한 능력을 지녔다는 사실 하나가 삶을 변화시키는 겁니다. 아이가 지닌 능력은 그 아이를 새로운 존재로 탈바꿈시키는 원동력이니까요.

학생 그 부분에서는 주인공이 되는 거네요.

교사 그렇지요. 학교에서 수상자를 선택하고 수상하는 것은 아이의 능력을 인정해 주는 것입니다. 이때 사회가 인정하는 능력의 소유 여부, 혹은 무엇을 얻기 위한 수단으로서의 능력이 아니라 한 인간이 지니고 있는 모든 능력에 대한 차별 없는 인정이 중요합니다. 아이가 지닌 능력이 언제 어디에서 어떤 식으로 사용되어, 어떤 분야에서 어떤 효과를 나타내는가의 문제는 나중 문제예요. 현 시점에서 아이가 지니고 있는 능력의 쓰임을 평가하여 선택 여부를 결정하는 것은 무모하고 위험한 일입니다.

학생 학생이 지니고 있는 능력을 평가하지 말라는 말씀인가요?

교사 그럼요. 모든 아이들은 열매가 주렁주렁 열린 커다란 호두나무나 감나무처럼 수많은 능력들을 품고 있어요. 그런데 어른들이 평가하여 솎아냅니다. 어른의 입맛에 맞는 능력만 남기고 따내는 거죠. 그러니까 결국 아이들마다 남아 있는 능력들이 대동소이해요. 어른에게 선택받은 능력만 살아남았으니까요. 이것은 아이의 삶을 심각하게 훼손하는 일이에요.

학생 말씀을 들으니까 끔찍하다는 생각이 드네요.

교사 그렇지요. 무엇에 대한 어떤 능력이든 능력은 한 인간의 삶을 꾸려갈 힘입니다. 어른 생각에 맞추어 함부로 재단할 일이 아닌 거지요. 이것이 능력인지 아닌지, 그리고 능력의 쓸모는 무엇인지 어른이 임의로 판단할 일이 아닙니다. 아이가 지닌 모든 능력을 인정해 줄 때 아이의 능력은 성장하고 삶은 새로운 모습으로 변화합니다. 능력의 성장은 삶의 성장입니다. 한 인간이 성장하는 겁니다. 능력에 대한 인정은 한 인간을 인간으로 인정하는 일인 겁니다.

학생 그러면 모두가 주인공이 되는 것은 당연한 일이네요.

교사 그럼요. 이제 모든 아이들을 주인공의 자리에 앉혀야 해요. 소수의 학생만을 주인공의 자리에 앉히고, 나머지 학생들은 마치 그들을 위한 존재인 것처럼 바라보는 것은 학교를 신분제 사회로 만드는 일입니다. 외면 받는 능력은 없어야 된다는 말입니다. 그리고 모든 아이들이 주인공인 자신을 위해서 박수를 칠 수 있도록 도와야 합니다.

학생 말씀을 듣는 것만으로 벌써 주인공이 된 것 같아요. 정말 당당함은 인정받을 때 생겨나는 것 같아요.

교사 맞아요. 그래서 특정 능력에만 관심을 기울이고 관심 밖으로 밀어낸 능력은 없는지 살펴야 합니다. 능력에 대한 차별은 생존 자체에 대한 불안을 조장하는 일이라는 사실을 기억해야 합니다.

스스로
묻게 하는가

물음은 관심이고 사랑이다

교사 묻는다는 것은 관심이 있다는 겁니다. 아이들의 변화는 관심으로부터 시작됩니다. 자신에 대한 물음은 자신에 대한 관심이고, 세상에 대한 물음은 세상에 대한 관심인 거지요. 관심은 애정을 낳고 애정은 변화로 이어집니다. 아이들이 자신에게 질문을 던지고 이웃에게 관심을 기울이고, 세상을 궁금해 할 수 있는 분위기를 조성해 주는 것이 교육입니다.

학생 묻는 것은 그 자체로 교육인 거군요.

교사 그렇습니다. 물음과 교육은 하나의 다른 표현입니다. 물음은 곧 교육이고 교육은 곧 물음이에요. 그리고 동시에 답이기도 합니다. 교육은 끊임없이 묻게 하고 그에 대해 답하게 하는 일입니다. 교육은 자신을 묻고 세상을 묻는 겁니다. 삶을 묻고 죽음을 묻는 것이 교육이에요. 각자가 만나는 세상은 온통 물음거리입니다. 그리고 동시에 세상은 답이기도 해요. 물음도 답도 다양할 수밖에 없어요. 물음을 주는 세상이 다양하고 답을 주는 세상 또한 다양하기 때문입니다. 같은 문제일지라도 답은 달라요. 같은 물음도 같은 답도 존재하지 않습니다.

학생 물음에 대한 답은 어디에서 누가 찾나요?

교사 묻는 자가 찾는 거지요. 답은 물음 속에 이미 들어 있기 마련이에요. 묻는 것 자체가 이미 답을 찾은 거예요. 묻는 것만큼 소중하고 훌륭한 답은 없습니다. 물음을 파고들면 답을 찾을 수 있는 겁니다. 무엇을 묻고 있는 것인지, 찾고자 하는 것이 무엇인지, 알고자 하는 것이 무엇인지, 얻고자 하는 것은 무엇인지, 해결하고자 하는 것은 또 무엇인지, 보고 싶은 것은 무엇이고 듣고 싶은 것은 또 무엇인지, 느끼고 싶은 것은 무엇인지 등 물음 속을 꼼꼼히 그리고 차분히 들여다보면 그 속에서 답을 찾을 수 있습니다. 그리고 답은 또 다른 물음으로 이어져요.

학생 물음과 대답은 끊임없이 반복하는 거군요?

교사 그렇습니다. 질문을 통해 답을 찾고, 답은 또 다른 질문을 부르고, 질문은 또 다른 답을 낳는 거지요. 그러니까 질문에 대한 답은 또 다른 질문으로 이어지게 되는 겁니다. 하나의 문제는 하나의 답을 만들고 그 답은 또 다른 문제가 되어 또 다른 답을 찾게 합니다. 묻고 답하고 또 다른 답을 찾는 이러한 과정을 통해 인간은 성숙해 가는 거지요. 그 과정을 돕는 것이 교육인 겁니다. 여기에서 생각해야 할 것은 질문을 전혀 하지 않는 사람은 이 세상에 태어나 한 번뿐인 인생을 의미 없이 그 상태 그대로 살아가게 된다는 겁니다. 질문을 통해 삶은 성장하는 것이거든요.

학생 묻고 답하는 과정이 성숙해 가는 과정인거군요?

교사 그렇지요. 자신이 찾은 문제와 답은 성숙을 위한 밑거름입니다. 그것이 스스로를 성숙으로 이끌어 가는 힘입니다. 그리고 성숙으로 이끈 답은 새로운 문제를 제기하고 그에 대한 답은 자신을 새롭게 변화시키는 토대가 됩니다. 이러한 과정을 통해 인간은 끊임없이 새로운 자신으로 변화되는 겁니다. 이처럼 묻고 답하는 과정이 교육인 겁니다.

학생 말씀을 들을수록 교육의 힘을 실감하게 됩니다.

교사 그럼요. 교육 없는 인간은 없어요. 인간은 교육이 만드는 거예요. 철저히 교육적 존재인 거지요. 인간의 삶은 교육으로 시작해서 교육으로 끝마치게 됩니다. 묻는 것도 교육이고 답을 찾는 것도 교육이며, 답에 새로운 의문을 제기하고 새로운 답을 찾고 그 답에 또 다른 의문을 제기하고 또 답을 찾는 일련의 과정이 교육입니다. 이러한 과정을 통해 인간은 끊임없이 새로운 존재로 변화합니다.

학생 교육은 답을 찾는 것이라기보다 오히려 의문을 품게 만드는 일이라는 생각이 드네요.

교사 옳은 지적입니다. 교육은 의문을 품게 만드는 일이에요. 그리고 스스로 답할 수 있도록 힘을 북돋우는 일입니다. 이것은 고대 그리스의 철학자 플라톤Platon이 생각하는 교육이기도 합니다. 플라톤은 스스로 반성하고 묻고 답할 수 있도록 도와야 한다고 말해요. 그것이 교육이고 교사의 역할이라는 것이지요. 결국 교육은 사물에 대한 관심과 사물에 대한 물음으로부터 시작됩니다. 자신과 세계에 대한 관심과 물음이 교육을 부르는 거니까요.

학생 결국 사물은 물음을 통해 깨어나는 거군요.

교사 그렇습니다. 사물에 대해 물을 때 사물은 깨어납니다. 묻지 않을 때 사물은 존재하되 존재하지 않습니다. 인간도 마찬가지예요. 스스로 자신이 누구인지 물을 때 자신은 태어납니다. 눈을 뜨게 되고, 귀가 열리는 겁니다. 스스로의 존재를 인식하게 되는 거지요. 물음이 멈추면 자신도 멎습니다. 물음은 자신을 새롭게 만듭니다. 계속 새로운 존재로 탈바꿈합니다. 없던 자신이 발견됩니다. 새로운 능력이 생겨나고 흥미가 유발됩니다. 자신뿐 아니라 사물도 마찬가지입니다. 묻지 않는 사물은 가치도 의미도 없습니다. 물을 때 사물은 곁으로 다가와 어떤 의미가 됩니다. 물음은 사물의 가치를 찾는 일입니다. 의미를 더하는 일인 거지요.

학생 물음이 곧 교육이라는 말씀이 이해가 됩니다.

교사 물음은 깨닫고, 느끼고, 갖추고, 가지고, 생각하기 위한 일입니다. 무언가를 기르고 이끌고 알기 위해 묻습니다. 물음 없는 교육은 상상할 수 없는 일입니다. 물음 속에 성장의 씨앗이 숨겨져 있습니다. 물음은 성장의 씨앗을 뿌리는 일입니다. 언제나 어디에서나 무엇이든 관심을 보이고 호기심을 갖고 의문을 품고 물을 거리를 만드는 아이, 씨앗을 뿌리는 아이를 만들어야 합니다. 아이가 거두어들이는 열매는 뿌려진 물음이라는 씨앗에 비례합니다. 어른은 아이에게 풍성한 수확의 기회를 주는지 돌아봐야 합니다.

학생 묻는 것이 이렇게 중요한 일인 줄 미처 몰랐어요. 물음을 통해 성장할 수 있다는 말씀에 놀랐습니다.

교사 네, 그래요. 자신에 대해 물을 줄 알아야 해요. 자신에 대한 물음은 자신에 대한 관심이고 사랑이니까요. 자신을 향한 물음을 멈추지 않는 삶은 자신의 삶을 스스로의 힘으로 만들어가는 삶이에요. 외부의 힘에 기대지 않는 거지요.

학생 맞아요. 스스로 걷지 못하는 사람은 주변에 의지하잖아요. 손 벌리고, 기대고…. 뭔가 해 주기를 바라기도 하고요.

교사 하이데거Heidegger는 질문하는 존재를 현존재라고 불렀어요. 인간만이 존재의 의미를 물을 수 있다면서요. 그러니까 묻지 않는 존재는 도구적 존재가 되는 겁니다. 자신을 위한 존재가 아니라 그 누구를 위한, 그 무엇을 위한 존재일 뿐인 거지요. 자신에 대해 묻지 않는 존재는 자신이 누구인지, 어떤 존재가 되고자 하는지, 하는 일은 무엇이고, 왜 하는지 등에 대해 생각이 있을 수 없어요. 자신의 삶을 그냥 타인에게 내맡긴 채 살아가는 거지요. 자신의 존재 의미를 묻지 않으면 자신의 참모습을 망각하고 진정한 자신을 잃어버린 채 타인의 시선만을 의식하며 살아가는 무책임한 존재가 되고 만다는 것이 하이데거의 생각입니다. 아이들이 자신과 자신을 둘러싼 사회에 대해 물어야 하는 이유입니다.

학생 자신에 대해 묻는 존재라야 주인으로서의 삶을 살아갈 수 있다는 말씀이네요.

교사 네, 맞아요. 물어야 하는 이유가 분명하지요. 그러므로 지금 여기에 있는 자신에게 끊임없이 물어야 해요. 질문하는 만큼 성장하고, 질문하는 만큼 옳은 길을 걷고, 질문하는 만큼 행복해지는 것이니까요. 그리고 타인에게 맡겼던 자신을 자신의 품에 품는 일이기도 해요.

학생 묻고 답하는 것이 교육이라면 교실은 시장처럼 시끌벅적할 것 같아요.

교사 그럼요. 침묵이 지배하는 공간은 죽음의 공간이에요. 교실은 언제나 시끌시끌해야 해요. 침묵이 지배하는 공간에서 아이들이 우주를 향해 나래를 펴고, 찬란한 꿈을 꾸고, 꿈을 일굴 수는 없어요. 오직 칠판을 긁는 날선 분필 소리와 부드러움을 찾아볼 수 없는 앙칼진 교사의 소리만 고요를 깨우는 공간이라면 희망이 없어요. 철저하게 강요된 침묵 속에서 아이들의 꿈은 사그라지게 마련이지요. 웃음도, 기쁨도, 슬픔도, 그 어떤 감정도 철저히 가슴에 숨겨둔 채 홀로 다스려야 하는 끔찍한 공간, 이러한 공간 속에서는 그 어떤 창의성도, 상상력도 숨 쉴 수 없어요.

학생 그런데 아이들의 이목구비는 생리적 용도로만 사용하기를 강요받는 것이 현실 아닌가요? 용도 변경은 꿈도 꾸지 못하잖아요. 물론 가끔 허락은 되지만 주로 평가용으로 이용되는 것이 고작이지요. 평가용 말하기, 평가용 듣기 뭐 이런 식으로요.

교사 네, 이처럼 메마른 환경에서는 아이들의 삶에 필요한 그 어떤 에너지도 나올 수 없어요. 철저히 감금당한 채 감시받고 있는 아이들의 눈과 입과 코와 귀는 쓸모없는 장식일 뿐인 거죠. 아이들은 그들의 몸과 마음을 마음껏 펼치고 사용할 수 있어야 해요. 아이들이 마음껏 웃고, 떠들고, 소리 지를 수 있어야 하는 겁니다. 그들의 입과 코와 눈과 귀를 마음껏 열고 그들의 욕구와 감정을 실어 나를 수 있어야 아이는 성장합니다.

오늘을 돌보는 교육을 하는가

모든 날이 아름답고, 모든 날이 빛난다

교사 이번에는 '오늘'의 가치에 대해 이야기해 보겠습니다. 범애주의의 창시자인 바제도Johann Bernhard Basedow, 1724~1790는 오늘의 생활에 필요한 교육을 할 것을 권합니다. 아이들의 오늘에 도움이 되고 유익한 것이 무엇인지를 찾아 아이들에게 제공해 주라는 것입니다. 그것이 아이들의 삶을 행복으로 인도하는 길이라고 믿기 때문이지요.

학생 '내일을 위해서 오늘은 좀 참아라!'라는 말은 오늘을 즐기려는 아이에게 어른이 흔히 하는 말입니다. 어른들에게 오늘은 없는 날이 된 것 같아요.

교사 그래요. 오늘이 없다면 내일도 없습니다. 모든 날은 만나는 순간 오늘이 되고 시간이 지나면 어제로 바뀝니다. 내일은 존재하지만 내가 살 수 없는 무의미한 날입니다. 이 말은 말장난 같지만 가볍게 여길 문제가 아닙니다. 존재하지도 않는 내일을 위해서 오늘을 희생해야 한다? 내일의 웃음을 위해 오늘의 웃음을 포기해라. 어떻게 생각하세요? 그러면 내일은 언제인가요? 오늘은 오늘로서의 의미가 있는 겁니다. 오늘은 내일을 위한 날이 아닌 겁니다. 오늘은 오늘을 위한 날이죠. 내일은 내일이 만들어 가는 거예요. 내일을 위해 오늘을 희생해야 한다면 젊음은 늙음을 위해 희생해야 된다는 말인가요? 젊은 날이 지닌 삶의 가치나 의미는 늙음에 있는 것이 아닙니다. 젊은 날에 고스란히 들어 있는 거지요. 내일을 위해 오늘을 희생한다면 삶은 희생의 나날일 수밖에 없습니다. 희생은 바치는 겁니다. 버리는 것이지요. 잃는 겁니다. 결국 오늘을 희생하는 삶은 남는 것이 없게 됩니다.

학생 아침부터 늦은 시각까지 오늘의 기쁨과 행복을 위해 사용하는 시간이 얼마나 될까 싶어요. 지금 당장은 힘겹고 어렵고 고통스럽지만 내일을 위해 참자. 이것은 대부분의 청소년들의 마음이 아닐까 싶어요.

교사 물론 내일의 삶을 준비하는 것이 나쁘다거나 불필요하다고 할 수는 없지요. 다만 오늘을 몽땅 내일을 위한 날로 치부하여 의미를 부여하지 않는 것을 문제 삼는 겁니다. 내일 배부르게 먹기 위해 오늘 굶을 수는 없는 일이잖아요. 오늘이 내일을 만드는 겁니다. 오늘의 가치는 오직 오늘에만 존재합니다. 오늘과 내일은 전혀 다른 날이에요. 오늘의 삶을 내일로 미룰 수 없는 일이지요. 오늘의 삶을 내일로 몰아 내일 한꺼번에 살 수 있나요? 의미 있는 오늘이 의미 있는 내일을 만듭니다. 오늘의 행복이 내일의 행복을 보장해요. 오늘의 삶이 씨앗이 되어 내일의 열매로 이어지거든요. 오늘 행복의 씨앗을 뿌려야 내일 행복을 거둘 수 있어요. 오늘 슬픔과 고통을 심으면 내일은 슬픔과 고통의 열매를 거둘 수밖에 없어요.

학생 오늘은 오직 내일의 웃음을 만들기 위한 날로만 여기며 생활했는데 오늘을 살고 있는 제 자신에게 미안한 마음이 드네요.

교사 네, 그렇지요. 입시를 준비하는 기간은 입학 후를 위해 희생하는 것을 당연시 여기고, 입학 후의 오늘은 취업 후를 위해 희생하고 취업이 되면 승진을 위해, 혹은 결혼을 위해 희생됩니다. 이처럼 이어지는 다음의 목표를 위해 오늘의 희생은 계속됩니다. 결국 생 자체가 희생의 날들로 점철되게 됩니다. 결국 내일은 살아보지도 못한 채 생을 마감하게 될 겁니다. 하루하루 즐거운 삶은 자신에 대한 도리입니다. 자신의 행복을 위해 자신에게 주어진 의무인 거지요. 오늘 해야 할 일은 내일이 아닌 오늘의 행복을 위해 주어진 의무인 겁니다. 오늘은 결코 내일을 위한 날이 아닌 거지요. 오늘의 삶을 내일에 맞추면 오늘은 있지만 없는 것과 다르지 않습니다. 오늘의 삶은 오늘을 바라보는 삶이라야 합니다. 그런 의미에서 기쁨이 충만한 오늘의 삶을 위한 교육을 이야기하는 거지요. 오늘을 보살피는 교육을 강조하는 겁니다. 현재의 필요와 행복을 요구하는 겁니다. 오늘을 행복하게 만들어 주라는 거지요. 아이들이 오늘 품고 있는 꿈은 자신이 그리는 내일의 삶의 모습입니다. 그 꿈은 오늘의 삶에 씨앗을 뿌리고 싹을 틔우고 꽃을 피웁니다. 그리고 열매를 맺게 됩니다. 아이의 오늘은 씨앗을 뿌리는 날이고 싹을 틔우는 날이며 꽃을 피우는 날입니다. 이러한 과정이 행복해야 합니다. 기뻐야 합니다. 즐거운 마음으로 씨앗을 뿌리고 꽃을 피워야 합니다. 오늘의 웃음이 내일로 이어집니다. 오늘 행복하고 오늘 기쁘고 오늘 즐거워야, 행복하고 즐겁고 기쁜 오늘이 계속됩니다. 오늘의 삶이 내일의 아이를 만들어갑니다. 내일만을 강조하여 오늘을 허비하고 오늘의 의미를 상실하게 하지는 않는지 돌아볼 일입니다.

생각을 전하려고만
하는 것은 아닌가

생각은 권리다

교사 역사적 인물이든, 뛰어난 사상이든 평가는 각자의 몫입니다. 역사나 역사적 존재에 대한 세상의 평가에 대한 평가 또한 마찬가지입니다. 누군가의 평가를 마치 정답인 양 제시하고 기억하라는 식의 교육은 세상을 바라보는 아이의 눈과 귀를 왜곡하는 일입니다. '피타고라스Pythagoras, 기원전 570?~495?, 홉스Thomas Hobbes, 1588~1679, 흄David Hume, 1711~1776, 키르케고르Kierkegaard, 1813~1855, 맹자孟子, 기원전 372?~289?, 순자荀子, 기원전 298~238등 이러한 사람들에 대한 기존의 평가를 그대로 받아들이도록 하지 말자는 말입니다. 뿐만 아니라 기억을 요구하는 역사 속 말들도 수 없이 많습니다. '불행은 두려움이나 허영, 그리고 절제가 없는 욕망으로부터 나온다.' 그리스의 철학자 에피쿠로스Epikouros, 기원전 342~271의 말입니다. '행복은 쾌락과 도덕 사이의 균형을 잃지 않는 데서 온다.'라는 말은 아리스토텔레스의 말이고요. '우리는 신을 사랑하지만, 신으로부터 보상을 기대하지 않는다.'라는 말은 네덜란드의 계몽주의자인 스피노자Baruch de Spinoza, 1632~1677가 한 말입니다. '광기를 배제한 우리의 문명은 이성 혼자서 독백하는 것과 같다.'는 프랑스의 구조주의 철학자인 미셸 푸코Michel Foucault, 1926~1984의 말입니다. 이러한 말들에 대한 평가 또한 다양합니다. 인물에 대한 평가나 그들이 한 말에 대한 가치는 듣고 보는 이의 몫이어야 합니다. 아이들 스스로 보고 듣고 평가하여 자신들의 삶 속에 주체적으로 수용할 수 있어야 합니다. 그럴 때 역사 속 인물들의 사상, 철학, 가치관 등 그들의 삶의 자취들은 아이의 삶에 스며들어 긍정적 힘이 됩니다. 어른의 평가나 어른이 매겨놓은 가치를 아이들도 그대로 따르고 믿어야 하는 것은 아닌 것이지요. 다시 말하면 인물에 대한 평가나 그들의 업적, 사상의 가치에 대한 평가는 아이들 몫으로 남겨놓아야 한다는 것이고, 어른의 평가와 판단 결과를 아이들에게 주입하려 하지 말라는 것입니다. 역사 속 인물에 대해 아이들 스스로 그들의 생각, 가치관, 철학 등을 자신의 삶에 주체적으로 활용할 수 있어야 합니다.

학생 그런데, 역사적 사실이나 인물, 그리고 사상 등에 대한 판단은 이미 내려진 역사 속 판단을 수용하는 것이 일반적인데 그것을 문제라고 말씀하시는 건가요?

교사 무조건 믿고 따르는 것을 문제 삼는 겁니다. 믿는 것과 수용하는 것이 학생 자신의 판단에 의한 경우라면 문제 삼을 이유가 없습니다. 하지만 자신의 생각은 묻어둔 채 어른의 생각에 의존해서 믿고 수용하는 것을 문제 삼는 겁니다. 위대하다는 평을 듣는 사상가들의 사상일지라도 언제 어디서나 누구든지 승인하고 인정하고 수용할 수 있는 보편적인 법칙이나 사실은 아닐 수 있거든요. 역사 속 평가나 일부 어른은 그렇게 생각할 수 있으나, 그 생각이 보편적 법칙으로 자리할 수는 없는 일이라는 겁니다. 물론 위대하고 훌륭하다는 평가를 받고 있는 사상가와 그의 사상에 대해서 딴지를 거는 것이 쉬운 일은 아니지요. 위대하다는 평이 옳아서라기보다 그 평가에 익숙해졌기 때문입니다. 이미 이루어진 평가에 길들여져 살고 있어서입니다. 이미 내려진 평가에 대해 소신 있는 평가를 한다는 것은 많은 비판과 비난을 감수해야 한다는 부담감도 있습니다. 그럼에도 불구하고 아이들 나름의 생각을 피력할 수 있는 기회를 주는 것은 교육이 사고라는 무형의 가치를 키우는 일이기 때문입니다.

학생 모든 생각을 인정하는 분위기가 중요한 것 같아요.

교사 그럼요. 어떤 평가든 수용하고 인정하는 사회적 분위기가 필요해요. 특히 어린 아이의 생각을 인정하는 분위기를 만들어야 합니다. 누구의 생각이든지 생각의 가치는 같다는 것을 인정하는 태도를 지녀야 합니다. 한 번 두 번 생각을 거부당하면 생각이 움츠러들고 결국 생각에 대한 의지도 힘도 사라지기 때문입니다.

학생 어떻게 하면 아이의 생각이 자라게 될까요?

교사 어른의 평가 결과를 무조건 옳은 것으로 주입하고, 그렇게 인식하고 살아가도록 요구하는 것이 가장 위험한 일입니다. 사상의 주입과 강요는 아이를 사상의 노예로 만드는 일이에요. 위대하다는 평을 듣는 사상가들을 만나보고 그들의 이야기를 듣고 판단할 수 있도록 기회를 주어야 합니다. 그리고 무엇보다 중요한 것은 그들의 판단을 존중해 주어야 해요. 어른의 생각과 다르다고 오답으로 치부하는 것은 아이의 사고와 판단에 대한 불신이고, 아이의 생각 자체를 오답으로 치부하는 일이며 아이 자체에 대한 부정입니다.

학생 저도 제가 생각하고 판단하려 하기보다 기존의 판단을 믿고 따르는 경우가 많아요. 지금까지 다른 사람의 판단에 상당 부분 의지해 왔다고 생각해요. 그런데 선생님 말씀을 들으면서 생각을 하려는 의지나 능력이 사라지는 것이 아닌지 염려가 됩니다.

교사 생각은 멈추면 힘을 잃게 되어 있습니다. 그래서 아이들이 생각을 멈추지 않도록 도와야 해요. 판단을 아이의 몫으로 남겨놓아야 하는 이유도 아이의 생각을 멈추지 않도록 하기 위함입니다. 어른의 생각과 판단을 지나치게 강조하는 것은 아이의 생각을 부정하고 판단을 인정하지 않는 것과 같아요. 그러면 아이는 판단을 멈춥니다. 당연히 생각도 멈추겠지요.

학생 그럼, 어른의 생각은 아이에게 어떤 의미가 있는 걸까요?

교사 아이는 다양한 생각을 참고로 자신의 생각을 정리하고 판단을 내립니다. 그러므로 어른의 생각은 아이의 생각을 돕기 위한 참고 자료로서의 의미를 지닙니다. '나는 이렇게 생각한다.' 혹은 '그 사람 생각은 이렇다.'라는 식으로 제시되는 어른의 판단과 생각은 아이가 생각하고 판단할 때 참고 자료로 활용할 수 있습니다. '이 사람은 이렇게 생각하는구나.', '이런 생각도 가능하겠구나!'라는 식이지요. 마치 어른의 판단이 옳은 것처럼 강조하는 것은 아이의 진솔한 판단을 어렵게 만들기에 경계해야 합니다.

학생 그런데 아이의 판단이 잘못되면 어떻게 하나요?

교사 중요한 지적입니다. 판단은 중요해요. 잘못된 판단은 삶을 망가뜨립니다. 판단의 결과는 어떤 식으로든지 판단한 사람의 삶 속에 녹아들어 삶에 영향을 미치기 때문입니다. 그래서 강조하는 것이 생각하는 힘입니다. 생각의 힘은 생각을 통해 길러지는 법입니다. 생각이 생각을 낳는 것이거든요. 생각이 많을수록 생각의 힘은 강해지게 됩니다. 생각의 힘이 강해지면 생각의 오류도 줄어들게 될 테고요. 생각하고 판단할 수 있는 능력을 길러 잘못된 판단을 줄이는 가장 적극적인 방법이 교육입니다.

학생 정말 생각은 중요하다고 생각해요. 그런데 늘 좋고, 바람직하고 옳은 생각만 할 수 없다는 것이 문제예요. 생각할 때마다 옳은 생각인지 두렵거든요.

교사 그럼요. 생각이나 판단이 늘 옳을 수는 없어요. 그것은 누구나 마찬가지예요. 완벽한 생각이란 있을 수 없으니까요. 그래서 행여 잘못된 생각이나 판단을 했다 해도 나무라거나 비난하지 말아야 합니다. 잘못된 생각이나 판단이 죄를 짓는 것은 아니잖아요. 그러나 바람직한 생각을 위한 노력은 필요한 거지요. 좋은 생각을 위한 '생각 연습'이 필요한 겁니다. 연습을 하고 다양하고 많은 생각 경험이 쌓여야 거칠고 험한 생각들이 다듬어지고 보편적 가치를 지닌 생각을 하게 됩니다. 그러므로 행여 잘못된 판단일지라도 스스로 느끼고 수정할 수 있도록 기회를 주고 기다리는 것이 중요합니다.

학생 아이의 생각을 옳다, 그르다 판단하지 말라는 말씀이군요.

교사 그렇습니다. 아이의 판단에 섣불리 개입해서는 안 됩니다. 그것은 아이의 눈을 가리고 귀를 막는 일입니다. 아이를 세상과 격리시키는 일이지요. 교육은 세상과 아이의 만남을 주선하는 일입니다. 아이들이 직접 세상을 보고 듣고 판단하여 자신의 삶으로 연결시킬 수 있도록 돕는 일입니다.

학생 그런데 아이의 생각이나 판단은 늘 어른의 평가를 받지 않나요? 어른의 평가를 통과한 생각이나 판단만이 쓸모 있는 생각이고, 옳은 판단인 것처럼 되어 있잖아요.

교사 아이의 판단에 대한 어른의 평가가 불필요한 것만은 아닙니다. 필요하고 어떤 면에서는 중요한 일입니다. 문제는 아이의 생각을 이유 없이 무시하고 인정하지 않는다는 것입니다. 어떤 생각이든 나름의 가치가 있거든요. 그러므로 아이에 대한 어른의 판단 혹은 평가는 더 나은 생각을 할 수 있도록 아이의 생각에 자극을 주는 선에서 멈추어야 합니다. 아이의 판단이나 생각을 어른의 판단이나 생각으로 완전히 대체하려는 식의 시도는 위험한 일입니다. 특히 '위대하다'라는 평은 모든 평가를 마비시킬 우려가 있습니다. 위대하다는 평가는 인물이나 사상을 직접 경험한 것도 직접 평가한 것도 아니에요. 이 사람은 위대한 사람이고 이 사상은 위대한 사상이라는 평가는 학습에 의해 타의적이고 간접적으로 이루어지는 겁니다. 지금까지 역사 속에서 기성인들로부터 '위대함'이라는 평가를 받은 인물이나 사상에 대해서는 또 다른 평가를 어렵게 합니다. 그러므로 어른들의 평가가 또 다른 평가를 가로막는 장애물로 작용하지 않도록 유의해야 해요.

학생 어른의 생각이나 기존의 평가 결과로부터 벗어나 독창적인 생각을 하기가 쉬울 것 같지 않아요.

교사 그럼요. 그래서 교육이 필요한 겁니다. 생각의 힘도 기르면 성장하게 됩니다. 다른 사람의 생각을 받아들이는 것에 익숙해지면 자신의 사고력은 그만큼 떨어지기 마련이고요. 그리고 차츰 사고하는 것 자체를 귀찮아하게 됩니다.

학생 그런 것 같아요. '이것에 대해 어떻게 생각하니?' 하는 물음에 진지하게 고민해 본 기억이 별로 없어요. 몰라, 귀찮아, 알아서 해, 뭐 이런 반응을 보이지 않았나 싶어요.

교사 네, 그래서 생각이나 관점, 철학이나 가치관에 정답이 있을 수 없고 그것에 대한 생각은 각자의 몫이라는 사실을 늘 기억해야 합니다. 자신의 생각이나 판단에 자신감을 가져야 한다는 말입니다. 눈치를 볼 이유가 없는 거지요. 자신 있게 자신의 생각을 드러낼 수 있어야 해요. 처음에는 좀 어색할 수 있으나 계속하다 보면 익숙해지게 되고 급기야 자신의 생각에 자부심까지 갖게 됩니다. 아이들이 이처럼 자신의 생각에 자부심을 갖도록 하기 위해서는 인물이나 그들의 사상에 대한 기성인의 판단과 평가를 진실인 것처럼 아이에게 주입하는 것을 멈추어야 합니다. 인물이나 사상을 알려줄 필요가 있다면 소개하는 정도에서 그쳐야 합니다. 그리고 평가는 아이 각자에게 맡겨야 하는 거지요. 어른의 판단에 아이를 가두지 말라는 말입니다. 어른의 판단을 그대로 자신의 생각인 양 수용하게 되면 그렇게 생각하고 판단한 이유도 모른 채 주어진 생각과 판단을 정답인 것으로 알고 살아가게 됩니다. 어른은 자신의 생각을 주려하지 말고 스스로 생각할 수 있는 힘을 길러주어야 합니다. 판단의 기회를 주고 아이의 판단을 존중해 주어야 합니다. 이것이 교육입니다. 아이의 판단을 평가하고 재단하는 것은 아이의 삶에 대한 모욕이고 아이의 삶에 대한 횡포입니다. 그리고 어른의 판단을 무조건 수용하도록 하는 것은 비굴한 삶을 살아가도록 부추기는 일입니다. 우리는 아이들에게 비굴한 삶을 부추긴 적은 없는지 돌아볼 일입니다.

유용한 것을 가르치는가

교과는 홀로 서고, 홀로 걷고, 홀로 뛰고, 홀로 살 수 있는 에너지다

교사 비가 부슬부슬 질척거릴 때엔 부침개 생각이 나요. 그러면 시장에 가죠. 부침개 재료를 하나둘 삽니다. 그러나 그것으로 그치지 않지요. 이것도 먹고 싶고 저것도 구미가 당기니까 계획에 없던 것까지 하나둘 집어넣게 됩니다. 시장바구니는 금세 그득 차지요. 보기만 해도 배부릅니다. 마음 또한 풍요롭고요. 문제는 부침개를 만들어 먹은 후입니다. 부침개를 만들고 남은 음식재료들은 그대로 냉장고 행이 됩니다. 그리고 냉장고에 들어간 음식들은 상당 부분 외면 받기 일쑤이지요. 그것을 먹을 계획이 세워질 때까지 그 음식들은 그렇게 갇혀 있게 됩니다. 행여 쓸모가 생기면 다행이지만 쓰레기로 변하기도 합니다. 먹지 않아 버려지게 되는 거지요. 당장 쓸모없는 음식 재료들은 결국 먹지 못한 채 버려지기 일쑵니다. 음식 재료만이 아니지요. 지금 당장은 쓸모없지만 언젠가는 필요할 때가 있을 거라는 막연한 생각에 사다 놓고 결국 쓸데를 못 찾아 버려지는 물건들도 많습니다.

결국 필요할 때 필요한 만큼 구입하는 것이 비용이나 시간을 절약하는 방법인 거지요. 필요는 세워진 목표입니다. 목표를 세우고 목표 성취에 필요한 것들을 구입하는 것이 낭비를 막고 시간과 비용의 효율을 높이는 방법이라고 생각합니다. 생활에 쓸모 있는 것을 가르치라는 독일의 교육자 잘츠만Salzmann, 1744~1811의 생각이 그래서 관심을 끕니다. 교육자는 아이들이 세운 삶의 목표를 이루는 데 유용한 것들이 무엇인지 고민해야 한다는 겁니다. 아이들은 변하는데 변화를 좇지 못하고, 가르치는 내용이 한결같다면 아이들에게는 그다지 가치 없는 일이 될 수 있습니다. 오늘의 쓸모와 오늘의 가치가 내일까지 이어질 수는 없는 일이잖아요.

학생 유용한 것을 가르치려면 늘 강조하시듯이 학생에 대한 이해가 선결 조건일 것 같아요.

교사 그럼요. 사람은 다른데 가르치는 내용이 같다는 것은 있을 수 없는 일이지요. 다른 사람에게 같은 내용을 가르치는 것은 아이의 삶에 대한 최소한의 배려도 없는, 순전히 어른 중심의 교육인 겁니다. 삶의 목표와 방향이 다르고 생각이 다른 아이들에게 같은 내용을 가르치는 것은 그들의 삶을 방해하는 일입니다. 그래서 아이의 필요를 늘 살펴야 합니다.

학생 교육 내용 말씀인가요? 교과서 내용 같은….

교사 그렇지요. 아이들에게 주어지는 교재 이야기입니다. 교재는 곧 교육의 내용이잖아요. 그러므로 교재 내용을 선정하는 일은 신중해야 합니다. 교재는 아이들이 세상을 만나는 문이거든요. 아이들은 교재를 통해 만나는 세상에서 꿈을 꾸고, 꿈을 이루기 위한 능력을 기르고, 삶을 준비하잖아요. 아이들 앞에 펼쳐진 교육 내용은 어른들을 위한 것이 아니에요. 교재는 전적으로 아이들의 몫인 거예요. 어른들이 자신들의 생각만을 담아 만들면 안 되는 이유입니다. 아이들이 펼쳐갈 삶이 담겨야 해요. 그렇기 때문에 교육 내용은 아이들이 지니고 있는 다종다양한 특성을 고려해서 구성되어야 하는 겁니다. 잘츠만도 유용성을 기준으로 교재를 선택할 것을 권했습니다.

학생 유용한 것만 가르친다면 배우는 내용이 좀 줄어들 것 같아요.

교사 배우는 내용의 양은 경우에 따라 다를 수 있겠지요. 교육 내용의 양은 아이의 특성에 따라 다를 테니까요. 그러나 대체로 줄어들 가능성이 크지요. 정말 필요한 내용을 깊이 생각하여 양이 아닌 질에 관심을 갖고 선택할 테니까요. 이 대목에서 바제도Basedow, 1724~1790의 생각을 살펴볼 필요가 있습니다. 바제도는 가르치는 양보다 얼마나 유용한가에 관심을 기울인 학자거든요. 그는 생활에 유용한 지식을 질적으로 정선하여 가르칠 것을 권했어요. 가르칠 양과 시간이 조화를 이루어야 해요. 양에 비해 시간이 적으면 가르침이 부실해질 수밖에 없지요. 방대한 양의 지식을 짧은 시간에 가르쳐야 하는 일은 없어야 합니다. 그렇게 되면 아이들을 바라볼 시간도, 그들의 이야기를 들을 시간도 없게 돼요. 오직 주어진 교과 양을 정해진 시간 안에 해결해야 한다는 부담감이 아이들과 교사들을 짓누르게 됩니다. 효율적으로 가르치고 잘 배우려면 교육 내용의 양을 적절히 조절할 필요가 있는 겁니다. 아이들이 감당할 수 없는 분량의 내용은 아이들을 교육으로부터 멀어지게 만들 뿐입니다.

학생 정말 알아야 할 내용이 너무 많아요. 교과 양만 보면 한숨부터 나옵니다. 솔직히 교과의 필요와 배움의 이유를 이해할 수 없는 내용들도 많아요.

교사 네, 어른 중심으로 지식의 가치를 판단하고 평가해서 그래요. 그래서 아이들은 스스로의 필요를 알아야 하고 그 필요를 충족시키기 위해 필요한 내용을 선별할 수 있는 능력이 있어야 한다는 겁니다.

학생 이러한 능력은 어떤 과정을 거쳐 기를 수 있나요?

교사 필요를 깨닫고 필요를 충족시키기 위해 필요한 지식을 선택하는 것은 쉬운 일이 아닙니다. 태어나는 순간부터 필요를 깨달아야 해요. 삶의 단계마다 필요한 지식이 다르기 때문입니다. 그러므로 지금 이 순간에 자신에게 필요한 지식이 무엇인지 알아야 합니다. 그러한 필요를 알고 필요한 지식을 선별하는 능력은 부모로부터 배우기 시작해서 서서히 능력을 쌓아가고, 학교에서도 교사와 학생 간 필요의 교류를 통해 배움과 가르침의 내용에 대한 탐구는 계속되어야 합니다. 아이의 필요는 변합니다. 그리고 변화한 필요를 충족시킬 수 없다면 삶은 지체될 수밖에 없습니다.

학생 나에게 필요한 지식이 무엇인지 스스로 깨닫고 그러한 지식을 찾아 배울 수 있다면 정말 좋겠네요. 배우는 것이 힘들지도 않고 오히려 재미있을 것 같아요.

교사 그렇습니다. 배움은 즐거운 일이에요. 자신을 성장시키는 일인데 즐겁지 않을 이유가 없는 겁니다. 다만 자신의 성장과 무관하거나 오히려 방해가 되는 내용들까지 알 것을 강요해서 정작 알아야 할 내용까지 배울 기회를 갖지 못하게 되는 것이 문제지요.

그러니까 배워야 할 내용을 선별하는 것이 중요한 겁니다. 가르치는 양이 많다고 무조건 좋은 교육이 아닌 거지요. 과식이 건강을 해치고, 몸에 맞지 않는 음식이 몸을 상하게 하듯, 교육 또한 삶을 살찌울 수 있는 내용을 알맞은 양만큼 섭취할 수 있을 때 가치를 발휘합니다.

학생 그렇게 되면 수업 시간이 두렵지 않을 것 같아요. 오히려 기다려지겠네요.

교사 그럼요. 배움이 즐거워야지요. 빨리 가고 싶은 학교, 더 많이 배우고 싶은 수업 시간이 되어야 합니다. 이제 아이들의 가방을 가볍게 해 주어야 해요. 왜 배워야 하는 지도 모른 채 책을 펼쳐야 하고, 들어야 하고, 외워야 하는 비극을 끝내야 합니다. 그렇게 되면 배움이 즐겁고 배움 끝에 보람을 얻을 수 있는 교육 풍토가 자연스럽게 만들어질 겁니다. 보고 듣는 것이 괴롭고, 삶에 도움 없는 내용을 더 이상 강요해서는 안 됩니다. 그것은 어찌 보면 폭력이에요. 어른들의 욕심으로 구성된 교과 메뉴판으로 더 이상 아이들을 괴롭히지 말아야 합니다.

학생 아이의 특성을 고려하여 배울 필요를 선별하고 불필요한 과목을 정리하자는 말씀에 공감을 느낍니다.

교사 그렇지요. 한 가지 덧붙이자면 앞에서도 잠깐 말씀드렸는데, 학자들이 자신의 학문의 중요성을 강조하고 후손들에게 전수하려는 욕심을 부리면 그 해악은 그대로 아이들에게 돌아간다는 사실입니다. 학문 이기주의로 아이들을 희생시키는 일이 있어서는 안 된다는 말입니다. 아이들에게 제시된 교과 내용이 아이들의 삶에 필요한지 냉철하고 양심적인 판단이 필요합니다. 아이들을 복종시키고 지배할 수 있는 권리는 그 누구에게도 없습니다. 아이들에겐 자신들의 삶을 영위해 나갈 자유가 있습니다. 아이들의 삶은 그들만의 영역이에요. 그 누구도 침범할 수 없습니다. 아이들이 마음껏 웃고 희망을 노래할 수 있도록 해야 합니다. 아이들 앞에서 비교육적이고 비인간적인 교육의 권력을 거두어 들일 때 아이들은 웃음을 되찾을 수 있을 겁니다. 그리고 아이들의 꿈은 성장할겁니다.

학생 배워야 할 내용을 선택할 수 있다면 아이들의 한숨 소리도 많이 줄어들 것입니다.

교사 배움이 한숨을 내쉴 정도로 견딜 수 없는 무게여서는 곤란하지요. 실천 가능한 유익한 지식을 강조한 사상가는 또 있습니다. 네덜란드 인문학자인 에라스무스Erasmus, 1466~1536예요. 그는 실생활에 활용되는 지식을 가르치라고 말합니다. 생활과 직접적으로 관련을 맺어야 참된 지식이라는 거지요. 예컨대 정확하게 말하려고 문법을 배우는 것이지 문법 그 자체가 가치가 있기 때문에 배우는 것은 아니라는 것입니다. 문법의 가치는 말하는 데에 있다는 겁니다. 지식의 가치는 삶을 변화시키는 데 있습니다. 삶과 무관한 지식은 지식으로써의 가치가 없다는 겁니다. 따라서 삶에 유용한 지식을 가르쳐야 한다는 것이 에라스무스의 생각입니다. 아이들의 가방이 너무 무겁지 않은지 살펴볼 일입니다.

삶의 가치를 높이는 교육 내용인가

교과의 가치를 평등하게 고려하라

교사 교육 내용을 대하는 태도에 대해 이야기해 보겠습니다. 교육은 삶에서 필요로 하는 에너지를 제공하는 일입니다. 그러므로 어떤 교육을 얼마만큼 필요로 하느냐의 여부는 아이들이 추구하는 삶의 내용에 따라 다릅니다. 삶의 내용에 따라 필요로 하는 에너지는 다를 테니까요. 여행지나 여행의 목적에 따라 준비물의 내용이 정해지는 것과 같다고 볼 수 있습니다.

학생 그런데 과목의 가치는 이미 매겨져 있지 않나요?

교사 그것이 문제입니다. '국어가 중요하고 수학이 핵심이다. 외국어는 필히 잘해야 한다.' 이런 식이지요. 그런데 꼭 그럴까요? 누구에게는 만화를 그리고 진흙을 빚는 것이 더 중요한 일입니다. 자전거를 타고 곤충을 관찰하고 흙 속을 뒤지는 일이 그 무엇과도 비교할 수 없이 즐겁고 행복한 아이들도 있습니다. 종이 접기나

디자인에 푹 빠진 아이도 있고요. 세계적인 요리사를 꿈꾸는 아이, 연예인이나 스포츠 선수를 꿈꾸는 아이들은 넘치지요. 아이마다 더 필요하고, 더 중요하고, 더 관심 있고, 더 가지고 싶고, 더 하고 싶은 일이 있습니다. 배움의 필요 그리고 배울 내용의 중요도는 어른이 매기는 것이 아니에요. 아이의 꿈이 정하는 겁니다.

학생 정말 하고 싶은데 학교 공부 때문에 할 수 없는 경우가 많아요. 그럴 때마다 학교 공부가 오히려 방해가 되는 것은 아닌가 하는 생각을 하곤 합니다.

교사 그렇지요. 아이가 걷고자 하는 길에 대한 고려 없이 어른이 선정한 교과 내용을 일방적으로 제시하고 몽땅 익히라는 것은 틀림없이 삶을 방해하는 겁니다. 아이의 꿈을 싹틔우고 열매를 맺는데 필요한 에너지를 충분히 제공해 줄 수 있을 때 배움은 가치를 지닙니다. 단순히 교육 과정이라는 교육의 계획 속에 집어넣는 것으로 과목으로서의 가치를 획득하는 것은 아닙니다. 과목으로서의 가치는 아이의 필요가 결정합니다. 아이마다 더 깊고 넓게 익힐 필요가 있는 내용이 있고, 전혀 불필요한 내용이 있을 수 있어요. 물론 어른의 입장에서 아이에게 배우고 익혀야 할 내용을 일러주는 것은 필요한 일입니다. 그러나 특정 내용을 기준으로 높고 낮은 혹은 좋고 나쁜 내용이 있는 것처럼 내용을 줄 세우고 여러 층으로 구분하여 제시하는 것은 문제겠지요. 이와 같은 교과 차별은 꿈의 획일화를 조장하고 나아가 모든 아이가 한 곳만을 바라보고 한 길만을 걷도록 삶을 한 줄로 세우는 일입니다.

학생 어른이 교육 내용을 평가하여 차별적으로 제시하지 말라는 말씀이지요?

교사 맞아요. 불필요한 교육 내용은 없어요. 어른의 판단이나 생각과 상관없이 누군가에게는 어떤 식으로든 필요한 것들입니다. 어른들은 다만 다양한 교육 내용을 개발하여 제시하기만 하면 됩니다. 선택은 온전히 아이들 몫으로 남겨두어야 합니다. 이것은 왜 필요하고, 왜 중요하고, 왜 알아야 하는지 등의 판단은 아이의 몫이라는 말입니다.

학생 어른이 판단하여 제시하지 말고 아이가 선택하도록 하라는 말씀이군요.

교사 맞아요. 교육 내용은 성장에 필요한 재료들입니다. 누가 어떻게 사용하느냐에 따라 교육 내용의 가치는 달라집니다. 배워서 사용하기 전에 교육의 가치를 매기는 것은 가능하지도 않을 뿐 아니라 위험한 일입니다. 배움의 가치는 배우고 사용할 때 발생하기 때문입니다. 미리 판단하고 재단하여 쓰레기통에 처박는 우를 범해서는 안 됩니다. 교육 내용은 결코 위계적 관계가 아닙니다. 특정 내용이 다른 내용을 위한 수단으로 취급된다면 그것은 그것이 지니고 있는 나름의 가치를 잃게 됩니다. 무가치한 내용으로 전락하게 되는 거지요. 교육 현장에서 자취를 감추게 될 겁니다. 그러면 그 내용을 필요로 하는 누군가는 배움의 기회를 잃게 되고 그 사람의 삶은 그만큼 힘들어지겠지요. 모든 내용은 허용되어야 하고 존중되어야 합니다.

학생 그러니까 국어, 영어, 수학 등의 내용에 가치를 높게 두고 그 외 과목에 대한 가치를 인정하지 않는 식이어서는 안 된다는 말씀인 거지요.

교사 그렇습니다. 과목의 가치는 쓰임이 정합니다. 삶을 성장시키는데 얼마만한 기능과 역할을 하느냐에 따라 과목의 가치는 달라지는 거지요. 과목의 가치는 과목이 매기는 것이 아니라 삶이 매기는 겁니다. 그러므로 모든 교과목은 동일한 가치를 지닌다고 할 수 있어요. 사용되면서 가치는 발생하는 것이니까요. 아이들의 성장에는 국어만 혹은 수학이나 영어만 작용하는 것이 아니거든요. 모든 교과의 내용들이 화학적 작용을 일으켜 하나의 건강한 인간이 만들어지는 것임을 기억해야 합니다.

학생 음식을 먹을 때 편식이 해롭듯이 과목 편식도 좋지 않다는 말씀이군요.

교사 그럼요. 과목에 가치를 부여하는 순간 교육 과정이라는 교육 식단은 어른의 입맛대로 짜이게 됩니다. 어른의 인정을 받지 못한 과목들은 아이들 눈길이 닿지 않는 후미진 곳으로 밀려납니다. 그리고 가장 가까운 자리는 어른이 부여한 가치로 포장된 과목들 차지가 되지요. 그래도 그나마 식단에 들어 있다면 다행입니다. 아예 식단에서 퇴출되는 과목이 생기는 경우도 있으니까요. 예를 들면 이런 식이지요. 국어나 영어, 수학 같은 과목은 커다랗고 화려한 그릇에 담아 놓는 겁니다. 꼭 먹어야 한다는 표식과 함께요. 그 외 과목들은 그나마 상 위에 차려져 있으면 다행입니다. 고른 영양이 필요한 아이들에게 편식을 강요하는 일입니다. 그것은 건강하게 자라게 할 어른의 의무를 저버리는 일입니다. 홀대받는 과목, 뒷자리로 밀어내는 과목이 있어서는 안 됩니다. 체육, 음악, 미술, 도덕 등 모든 내용이 삶을 만듭니다. 국어와 영어 그리고 수학에 치우친 교육은 아이들의 건강한 성장을 가로막습니다.

학생 어른이 일방적으로 과목의 가치를 매기지 말라는 말씀이지요?

교사 맞아요. 과목의 가치를 매기는 것은 편식을 요구하는 것과 같아요. 과목에 대한 소화력은 사람마다 달라요. 그럼에도 불구하고 과목에 대한 소화력이 마치 사람의 능력인 것처럼 말합니다. 어른이 높게 평가한 내용을 잘 모르거나 소홀히 하면 졸지에 무능한 아이가 되는 겁니다. 교과의 위계는 인간의 위계로 이어져요. 교과에 대한 능력은 선천적인 능력입니다. 따라서 특정한 교과에 대한 차별은 그 능력을 지니지 못한 아이에 대한 차별일 수밖에 없습니다. 아이의 건강한 성장을 가로막는 내용의 편식을 강요해서는 안 됩니다. 이제라도 교육 식단을 돌아 볼 일입니다.

다양한 교과를 접하게 하는가

교과는 자극이고 에너지다

교사 교과 이야기를 해 보겠습니다. 결론부터 이야기하면 '교과는 세계다.'라고 말할 수 있습니다. 교과는 한 사람, 한 지역, 한 시대의 지식과 경험이 아닙니다. 시대를 초월하고 온 세계를 아우릅니다. 인류의 모든 경험이 모이고 쌓인 겁니다. 그러므로 다양한 교과를 제공하는 것은 인류가 걸어온 모든 발자취를 함께 걷는 일입니다. 그들이 보고 들은 것을 함께 듣고 함께 보는 일입니다. 그들의 아픔과 슬픔, 기쁨과 즐거움에 동참하는 일입니다. 인류의 삶은 곧 아이들의 삶이 됩니다.

학생 그래서 교과는 세계라는 말씀이군요.

교사 그렇습니다. 그러므로 다양한 교과를 제공하는 것은 다양한 세계를 만날 수 있는 기회를 제공하는 것이고, 그 세계 속에서 이루어졌고, 이루어지는 모든 형태의 삶을 제공하는 일이 됩니다.

물론 아이의 필요를 고려해야 한다는 점은 잊어서는 안 됩니다.

학생 교과가 수많은 사람들의 경험과 생각과 삶이라는 사실이 놀랍네요.

교사 네, 그렇지요. 더욱 놀라운 것은 그 많은 생각과 경험들이 살아 있다는 사실입니다. 지금 이 순간에도 교과를 접하는 사람들의 삶에 어떤 식으로든 영향을 미치고 있다는 사실을 기억해야 합니다. 역사 속 인물들의 삶의 경험과 생각이 지금 이 순간 우리의 삶을 만들어가는 힘이 된다는 거지요. 교과를 통해 얻는 세계에 대한 경험은 잠재되어 있는 능력을 자극하게 됩니다. 다양한 경험은 다양한 능력을 자극해요. 경험이 다양할수록 폭 넓은 능력이 자극받게 됩니다. 자극은 잠자는 능력을 깨우고 능력이 활동하도록 힘을 주지요. 이러한 과정을 통해 능력은 성장하게 되고 삶 속에서 드러나게 됩니다. 그것이 성장이고 성숙입니다. 새로운 삶이 만들어지는 거지요. 교육은 성장을 위한 사회적 행위라는 점에서 경험의 제공은 중요한 교육적 노력인 셈입니다.

학생 그러니까 경험은 숨겨져 있는 능력을 찾아내고 개발하고 더욱 성장할 수 있도록 힘을 주는 일이 되는 거군요.

교사 그렇습니다. 잠재된 능력을 찾으려면 모든 부분을 건드려야 해요. 육체와 정신을 하나하나 자극해야 합니다. 많은 것을 보고, 듣고, 만지고, 접촉해야 하는 거지요. 그러니까 편협하고, 좁고, 적은 경험은 능력에 대한 자극 또한 좁고, 적을 수밖에 없습니다. 따라서 폭넓은 경험이 필요해요. 폭넓은 경험은 많은 것을 접할 수 있는 기회를 제공하게 되고 그것은 결국 잠재되어 있는 능력을 자극하는 일이 됩니다. 운동을 생각해 보면 어떨까 싶어요. 평소에 하지 않던 새로운 운동은 새로운 근육을 자극하게 되고, 그것은 새로운 힘을 만들어 내잖아요. 새로운 것과의 접촉은 새로운 능력을 자극하고, 새로운 능력은 삶을 새롭게 하는 겁니다. 사람의 능력은 무궁무진해요. 그러나 활용할 수 없다면 의미 없는 일입니다. 능력을 활용하기 위해서는 잠재되어 있는 능력을 끌어내야 합니다. 그 방법은 적절한 자극이에요. 자극은 보고 듣는 겁니다. 만져보고 맛보는 것이지요. 즉 다양한 경험이 능력을 자극하게 되는 겁니다. 교과는 자극이에요. 능력을 자극하는 것이 교과입니다. 교과의 다양화를 이야기하는 이유가 여기에 있습니다. 다양한 교과는 다양한 자극을 의미하니까요. 교과의 다양화는 능력을 찾고 발휘할 수 있는 기회의 양을 확대하는 겁니다. 그러므로 교과를 제한하는 것은 위험한 일입니다. 그것은 자극의 기회를 제한하는 것이고, 결국 능력이 성장하는 것을 제한하는 일이기 때문입니다. 무궁무진한 아이들의 능력을 깨우지 못하고 잠재우는 일이 되는 것이지요. 여기서 한 가지 주의할 것이 있어요. 다양한 내용을 경험할 수 있는 여건과 환경을 조성하는 것에서 그쳐야 한다는 겁니다. 여기까지가 어른의 몫입니다. 특정 내용을 정해 놓고 이것만 보고, 이것만 듣고, 이것만 경험할 것을 강요하는 것은 오히려 능력을 움츠리게 만들고 결국 소멸하게 합니다. 지나친 간섭은 성장의 장애가 됩니다. 그런 의미에서 가르치는 자는 늘 스스로에게 물어야 합니다.

물음 하나, 경험의 내용과 양을 정해놓고 강요하는 것은 아닌가?

물음 둘, 특별한 분야의 능력만을 인정하고 그 능력을 지니도록 강요하는 것은 아닌가?

물음 셋, 지니고 있는 능력에 따라 아이를 차별하는 것은 아닌가?

교칙은 학습활동을 돕는 기능을 하는가

교칙은 학교가 내미는 거친 호의다

교사 아침 등굣길, 교문에 들어서는 아이들이 멈칫거립니다. 교문에는 등짐을 진 학생부 교사와 교칙 위반 학생을 잡는 선도부 학생이 버티고 있기 때문입니다. 겁에 질린 아이들은 옷매무새를 가다듬고 부착물을 확인하고 소지품도 자체 검사하느라 바빠집니다. 이름표는 붙였는지, 소지품은 정당한지, 복장은 단정한지, 신발은 괜찮은지, 머리는 규정에 맞는지, 등교 시간은 어기지 않았는지 등 아침부터 한바탕 소동이 벌어집니다. 그것도 매일, 아침마다 반복되지요. 국경선이라도 넘듯 교문 통과가 힘겹기 그지없습니다.

학생 교칙이 학생들을 괴롭히는 것 같네요. 그렇지만 교칙은 필요한 것 아닌가요?

교사 물론입니다. 그러나 규정의 필요성을 이해해야 합니다. 규정은 개인은 물론 공동체 발전을 위해 필요한 겁니다. 교칙은 학생이 걸어야 할 바른 길을 제시해 준다는 점에서 중요하지요. 그 길을 걸을 때 학생으로서의 삶의 가치를 향상시킬 수 있는 겁니다. 학교가 제시한 길은 인간의 가치를 높이기 위한 일입니다. 그러므로 학교가 제시한 규정을 지키는 것은 교육이 제시한 인간다움을 형성하고 유지하기 위해 중요하고 당연한 일입니다.

학생 그럼 교칙을 문제 삼을 일은 없는 것 아닌가요?

교사 맞아요. 교칙 자체를 문제 삼을 일은 없어요. 교칙의 내용이 문제인 거죠. 누가, 무엇을 근거로 아이의 행동을 규칙으로 정하느냐 하는 겁니다. 적어도 학생이 걸어야 할 길을 어른이 일방적으로 규정하여 제시하는 것은 위험합니다. 그것은 아이들을 위한 것이라기보다 어른들의 입맛에 맞는 아이를 만들겠다는 어른의 욕심일 뿐이기 때문입니다. 어른이 판단하고 결정한 길을 아이들에게 무조건 걷도록 요구하는 것은 어른을 위한 존재로 길들이기 위한 시도로밖에 볼 수 없어요. 자신의 일에 대해 자기 의사나 행동을 주장하지 못하도록 생각을 통제하고 입을 틀어막는 것은 비교육을 넘어 심각한 인격 모독 행위입니다.

학생 '길들인다.'라는 말이 섬뜩하게 느껴져요.

교사 그렇지요. 길들여진 몸을 만드는 여러 기법들과 전술을 통틀어서 프랑스의 철학자인 미셸 푸코Michel Foucault, 1926~1984는 '규율'이라고 명명했어요. 그러면서 사회 구성원들의 모든 것을 감시하고, 규율하는 현대 사회를 규율 사회라고 했습니다. 학교가 특정한 행동만을 허용하고 특정 행동을 규제하는 것은 제도와 질서를 위한 존재로 길들이기 위한 행태라고 볼 수 있겠지요.

학생 교칙에는 아이의 의지와 요구가 담겨야 하는 이유를 알 것 같아요.

교사 물론입니다. 교칙은 단순히 학생들의 행동을 통제하고 억제하고 규제하기 위한 수단이 아니에요. 교칙은 공동생활에서 나타날 수 있는 위험을 줄이고 개인이나 공동체가 추구하는 목표 달성을 수월하게 하도록 돕기 위한 교육적 장치입니다. 공동체 구성원의 요구가 담기는 것은 지극히 당연한 일입니다. 따라서 아이들을 단순히 만들어진 교칙을 지키는 자가 아니라, 교칙을 제정하는 자의 자리에 동참시켜야 합니다. 교칙은 아이들을 위한 아이들의 것이니까요.

학생 그런데 교칙은 행동만을 통제하는 것은 아닌 것 같아요.

교사 물론입니다. 행동의 간섭은 몸의 움직임만을 제약하는 것이 아닙니다. 행동의 표준화는 정신의 획일화로 이어집니다. 마음의 작용과 의식 상태까지 영향을 줍니다. 눈, 코, 귀, 혀, 살갗을 통하여 외부의 자극을 알아차리는 힘과 사물을 분별하고 판단하는 능력에까지 영향을 미친다는 겁니다. 이러한 심리적 영향은 교육에서 강조하고 중시하는 창의, 창조, 상상 등 사고력을 저하시킵니다. 행복함이 사라지고 그 자리를 우울함이 자리합니다. 우울은 의지의 나약함이 문제가 아니고 행복 호르몬인 '세로토닌'이라는 신경 전달 물질이 부족해서 생기는 일종의 행복 호르몬 결핍증이라고 하거든요. 뿐만 아니고 친구 관계, 교사와 학생 관계, 학교 부적응 등 여러 부작용이 초래될 위험성이 높아진다고 봅니다.

학생 교칙이 진정 학생을 위한 것이라면 무엇이 학생을 위한 것인지 심각하게 고민해야 할 것 같아요.

교사 물론입니다. 교칙은 교육 활동의 일환입니다. 교칙이 교육적인지 살펴야 하는 것은 지극히 당연한 절차입니다. 교칙에 교사 등 어른의 목소리만 담길 때 교칙은 학생 위에 군림하여 학생을 복종시키거나 지배하는 권력으로 작동하게 되고, 교사가 학생을 지배하는 지배 도구로 쓰이게 됩니다. 그렇게 되면 결국 교칙은 학생들의 자유를 속박하는 부당한 제도로 변질되고 말 겁니다. 따라서 교칙은 구성원들 간에 충분한 대화를 통해 민주적이고 윤리적이며 교육적으로 제정되어야 합니다.

아이에게 없는 것을 억지로 만들려 하는 것은 아닌가

다른 사람의 기대에 맞출 것을 요구하지 마라

교사 인간을 도구로 만들려는 교육적 시도는 늘 있어 왔습니다. 특정 이념을 주입해서 특정한 능력을 지닌 인간을 만들어 특정한 역할을 맡긴 역사적 예도 있습니다. 이처럼 교육은 특정인의 특정한 의지가 작용합니다. 교육은 특정인의 특정한 의지를 관철시키는 도구로서의 역할에도 충실했습니다. 교육의 역사를 들여다보면 이처럼 비인간적이고 비교육적인 의지가 빚은 비인간적이고 비윤리적이고 비교육적 흔적들을 많이 볼 수 있어요.

학생 무엇이든 마찬가지지만 교육 역시 누가 어떻게 활용하느냐에 따라 가치가 달라지는 거군요.

교사 그럼요. 교육을 작동시키고 실행시키기 위해 제정하는 교육법을 예로 말씀드려보겠습니다. 만약에 교육을 위한 법이 힘 있는 자들의 의지에 따라 제정되고 정책이나 제도 또한 힘의 논리가 작용한다면 어떻게 될까요? 그리고 잘못된 정책이나 제도를 걸러낼 수 있는 구조적 장치가 없는 상황 속에서 만들어지고 유통되는 정책이라면 어떻게 될까요? 그러면 힘 있는 자의 의지 앞에서는 그 어떤 교육적 의사도 힘을 갖기 어렵습니다. 그리고 아이를 비롯한 교육 구성원들의 요구와 동떨어진 정책이나 제도가 생산될 겁니다. 법뿐 아니라 제도나 정책 그리고 합의나 계약 등도 힘 있는 자들이 자신들의 의지 관철을 위해서만 작동되도록 할 겁니다. 이런 방식 하에서 이루어지는 교육이라면 교육적 의미나 가치는 적을 수밖에 없습니다.

학생 교육 정책이나 제도가 아이들의 삶과 성장이 아니라 힘을 지닌 자들의 뜻을 이루는 데 초점이 맞추어져 수립되고, 그러한 정책에 의해 이루어지는 교육이라면 교육적 의미를 찾기 힘들다는 말씀이군요.

교사 그렇습니다. 교육의 역사를 돌아보면 인간을 도구로 만들기 위해 교육을 악용해 온 사례를 어렵지 않게 찾을 수 있습니다. 교육에 목적으로서의 인간은 없고 수단으로서의 인간만 존재한다는 겁니다. 그리하여 교육은 인간을 위해 인간에 의해 이루어지는 것이 아니라, 힘 센 자들이 자신의 욕구를 충족시키기 위한 도구를 만들기 위해 학교를 세우고, 그곳에서 교육이라는 미명하에 갖가지 위협과 협박과 폭력을 통해 그들의 입맛에 맞는 도구로서의 인간을 만들어 왔던 것입니다.

학생 교육이 늘 인간 편에서 인간을 위해서 이루어져 온 것이 아니었군요.

교사 그럼요. 물론 역사 속 교육이 모두 특정인이나 특정 계층만을 위해 이루어져 온 것은 아닙니다. 훌륭한 교육적 노력도 많이 있습니다. 오늘날 우리에게 그대로 타당하고 본받아야 할 교육적 유산도 얼마든지 있습니다. 그럼에도 불구하고 역사 속 교육에서 부정적인 면을 찾아보는 것은 오늘날의 교육이 인간 만들기가 아닌 도구 만들기로 인식하고 행해지지나 않는가 하는 우려 때문입니다. 최근 인공지능에 대한 관심이 높습니다. 인공지능은 특별한 영역의 필요를 충족시키기 위해 제작된 도구입니다. 필요의 내용이나 양에 따라 인공지능에 대한 요구 또한 달라집니다. 인간의 요구에 맞게 제작되고 요구대로 움직일 때 인공지능은 가치가 있습니다. 교실에서 인공지능을 만들려는 시도는 없는지 돌아볼 필요가 있습니다.

학생 인간을 특별한 영역의 필요를 위한 도구로 만들지는 않는지 돌아보라는 말씀이지요?

교사 그렇습니다. 교육은 도구를 만드는 작업과는 거리가 있습니다. 인간을 만드는 작업이지요. 그러므로 어떤 필요를 위해 인간에게 어떤 능력을 갖출 것을 요구하는 것은 교육의 범주를 벗어난 일입니다. 더욱이 지니고 있지도 않은 능력을 요구하는 것은 더더욱 교육의 정도를 벗어난 일입니다. 교육은 무에서 유를 창조하는 창조적 활동이 아닙니다. 없는 것을 만들어내는 신비한 활동은 더더욱 아니지요. 생득적 능력을 다듬는 활동일 뿐입니다. 그것이 자기 창조요, 자기 개조며 자아실현입니다.

학생 사회나 특정인의 이익을 위해 특정 능력을 갖출 것을 요구하는 것을 지적하시는 말씀이군요?

교사 맞아요. 아이에게는 그가 걸어야 할 길이 있어요. 그 길은 그 누구로부터도 간섭받을 수 없는 자유의 길인 거지요. 그 길은 스스로 만들어 갑니다. 아이가 걷는 길이 흡족치 않다고, 그 길이 아니라고 다른 길을 가라고 윽박지르고 수정을 요구하는 것은 아이의 삶에 대한 횡포입니다. 느리다고 재촉하는 것도, 한눈판다고 소리 지르는 것도 아이에게는 삶의 장애입니다. 어른은 아이의 걸음을 도와주어야 합니다. 아이가 걷는 길을 축복해 주어야 해요. 그리고 훌륭한 걸음이라고 칭찬해야 합니다.

학생 아이의 선택을 존중해 주라는 말씀이지요?

교사 그래요. 삶의 길은 다양하거든요. 어른들은 많은 사람들이 오고 간 길을 옳은 길로 여기는 경향이 있어요. 다른 이들이 수없이 걸어간 길, 그래서 풀 한포기, 작은 돌 하나 없는 그래서 큰 힘들이지 않고도 걸을 수 있는 길만을 올바른 길로 생각하고 그 길을 제시하고 그 길을 걷도록 유도하는 거지요. 그것이 어른이 아이를 위하는 일이라고 생각합니다. 그러나 길은 개척하는 것입니다. 스스로 만드는 거예요. 편안한 삶은 힘이 들지 않아요. 특별한 힘을 필요로 하지 않지요. 편안한 삶을 살도록 유도하는 것은 결국 아이들이 소유한 수많은 능력을 사장시키는 일이 됩니다. 아이들 입장에서는 자신들이 가지고 있는 다양한 능력을 활용할 기회를 스스로 버리는 꼴이 되는 거고요. 그것은 개인적으로는 말할 것도 없고 사회적으로도 엄청난 손실입니다. 하찮아 보이는 능력 하나라도 허투루 할 수 없는 까닭이 여기에 있습니다. 아이가 가지고 있는 능력을 발휘할 수 있는 기회를 주어야 해요. 그 능력이 어른의 요구를 거스르고 사회의 요구에 어긋난다 할지라도 허용하고 인정하고 격려해 주어야 합니다.

학생 아이들이 자신의 능력에 맞는 길을 스스로 개척하면서 살아갈 수 있도록 해 주라는 말씀이지요?

교사 그렇습니다. 어른의 능력과 생각으로 만들어진 길을 아이에게 걷도록 요구하지 말라는 말입니다. 어른이 닦아 놓은 길을 걷기 위해서는 그 길을 걷기 위한 특별한 능력이 필요합니다. 그 능력은 모든 아이가 갖추고 있지 않아요. 길은 정해져 있고 능력은 없으니 억지로 능력을 만들 수밖에 없게 됩니다. 없는 능력을 억지로 만드는 것은 교육이 아닙니다. 폭력입니다. 있는 능력을 인정하고 발전을 위한 노력을 기울여서 능력을 기르고 그 능력으로 자신의 길을 걸을 수 있도록 해야 합니다. 없는 것을 억지로 만들려는 것은 인생의 허비요, 낭비인 거지요. 능력은 자신의 욕구를 실현할 수 있으면 됩니다. 자신을 가꾸어 갈 수 있고 자신을 실현할 수 있는 능력이 참된 능력입니다. 교육은 개인 실현에 필요한 능력을 기르는 일입니다. 어른의 길을 요구하는 것은 아이의 능력을 어른의 요구대로 고치고 바꾸라는 명命입니다. 바뀌지도 않을 뿐더러 혹여 바뀌었다 하더라도 그 능력은 아이가 자신을 실현하는 능력이 아닌 어른의 요구를 실현시키는 일에 동원되는 능력이 되어 아이의 삶과는 무관한 용도로 변질되게 됩니다.

학생 오늘날 교육이 개인 실현에 필요한 능력 만들기라는 본연의 길을 걸을 수 있으려면 어떤 노력이 필요할까요?

교사 중요한 것은 개인의 요구와 사회의 요구 간의 조화입니다. 사회의 요구를 강조하면 아이의 요구는 움츠러듭니다. 물론 개인의 요구를 강조하면 사회의 요구가 힘을 잃습니다. 그러므로 개인의 요구와 사회의 요구가 서로 맞아야 되는 겁니다. 사회 없는 삶은 가능하지 않습니다. 사회는 사회의 요구 충족을 통해 기능합니다. 사회의 요구는 개인을 통해 충족됩니다. 개개인이 사회의 요구를 거부하면 사회의 기능은 축소되거나 상실됩니다. 사회가 무너지면 개인의 삶 역시 유지가 어렵습니다. 때로는 사회의 존속과 기능을 볼모로 개인에게 요구를 들어 줄 것을 강요하기도 합니다. 그럼에도 불구하고 사회의 요구에 눈 감을 수 없는 이유는 사회가 개인이 삶을 유지하는 터전이기 때문입니다.

학생 인간과 사회가 상호 조화를 이루어야 하는 이유가 분명하네요. 조화를 이루기 위한 방법은 무엇인지요.

교사 사회는 개인의 요구를 인정하고 허용하고 개인은 사회의 요구를 긍정적으로 수용해야 합니다. 사회가 개인의 요구를 무시하고 개인 역시 사회의 요구에 귀를 닫으면, 개인과 사회가 내놓은 욕구만 덩그러니 남을 뿐 수용되는 요구는 없게 됩니다. 그러므로 개인의 요구를 사회가 들어주고 충족된 개인의 요구를 사회의 요구에 활용할 수 있는 방안을 찾아야 합니다. 개인의 힘을 사회의 힘으로 활용해야 한다는 말씀입니다. 개인의 요구가 결국 사회를 이루어가는 힘이기 때문입니다. 사회가 어떤 특정한 능력을 요구하고 그 능력을 이용하는 구조가 아니라 개인이 능력을 기르면 그 능력으로 사회를 꾸려가라는 겁니다. 그러니까 개인이 사회에 맞추는 게 아니라 사회가 개인에게 맞추어야 하는 겁니다. 사회가 개인의 능력을 선택하게 되면 선택받지 못해 버려지는 능력이 생길 수밖에 없어요. 능력이 버려진다는 것은 결국 한 개인이 버려지는 거예요. 인간 존엄성을 심각하게 훼손하는 일이지요.

학생 그렇다면 교육에서는 학생의 요구에 관심을 기울여야 하겠군요.

교사 그렇습니다. 교육 정책이나 제도 그리고 규칙은 '개개인의 요구'에 관심을 두고 제정되어야 합니다. 사회의 요구만을 반영한 정책이나 제도라면 그것은 사회의 요구 관철을 위한 '개인 활용 방안'일 뿐일 테니까요.

학생 교육 정책이나 제도는 결국 아이의 요구를 실현하기 위한 장치여야 되는 거군요.

교사 그렇지요. 그렇게 되어야 하는 겁니다. 정책을 입안하는 사람은 교육이 아이들을 위한 사회적 장치이고, 교육 정책이나 제도는 사회적 장치 실현을 위한 전략임을 알아야 합니다. 정책이나 제도에 의해 삶이 규정되고 사람은 정책이나 제도에 의해 움직여지는 제도적 존재임도 잊어서는 안 됩니다. 정책의 영향에서 자유로운 사람은 없습니다. 그것은 곧 정책을 만든 사람의 영향권에서 벗어날 수 없음을 의미합니다. 정책을 만든 이는 명령하는 자요, 따르는 이는 명령을 이행하는 이가 되는 겁니다. 아이의 요구가 반영된 정책이 마련될 때 아이는 자신의 뜻에 의한 삶을 살아가게 되는 겁니다. 아이의 뜻이 배제된 채 어른의 뜻만으로 이루어진 정책이라면 아이를 도구로 만들기 위한 정책인 셈이 됩니다. 따라서 제도나 정책을 입안할 때에는 누구를 위한, 그 무엇을 위한 존재가 아니라, 오직 아이들이 자신의 능력을 발견하고 자신을 드러내고 발휘할 수 있는 능력을 길러 자신을 만들어 갈 수 있는 방향에서 이루어져야 합니다. 아이들이 스스로 자신을 만들어 가는 것을 돕는 것이 교육입니다.

아이의 요구를
외면하지는 않는가

아이의 요구는 하나의 꿈, 그것으로 아이는 영글어 간다

교사 교회는 죄인들을 위해 필요하다고 합니다. 의인은 교회가 필요 없다는 말이기도 하지요. 병원은 아픈 이들을 위해 필요합니다. 건강한 이는 병원을 찾지 않습니다. 교과 성적, 논리력, 설득력, 창의력, 문제 해결 능력, 인성, 잠재력, 폭 넓은 지식과 교양, 적극성, 공동체 의식, 협동심, 리더십, 자기 주도력, 성실성 등은 상급 학교 진학 자격 조건 중 일부입니다. 학교가 원하는 아이들의 조건인 거지요. 학교는 이러한 조건을 갖춘 아이들을 찾습니다. 그런데 이처럼 완벽에 가까운 조건을 갖춘 아이들에게 굳이 학교가 필요할까요? 학교는 부족한 부분을 채워주고, 약한 부분을 강하게 해 주고, 망가진 부분을 고쳐주고, 작은 부분을 키워주고, 적은 부분을 많게 해 주는 등 자신을 찾고, 찾아진 자신을 새로운 자신으로 창조해 가기 위해 힘을 기르는 곳이라는 점을 생각할 때 드는 의문입니다. 이미 모든 것을 갖춘 아이들에게 학교가 해 줄 수 있는 일이 무엇일까요? 오히려 학교가 장애가 되

지는 않을까요? 이미 갖추어진 능력들이 힘을 잃지는 않을까요? 이때 아이들에게 학교는 불필요한 장치입니다. 학교를 찾는 이유는 힘을 기르기 위해서입니다. 자신이 지니고 있는 작고 연약하고 힘없는 능력을 발견하고, 크고 강한 능력으로 성장시키기 위해서 학교를 찾습니다. 강하고, 크고, 많은 상태를 입학의 조건으로 삼는다면 약하고 작고 적은 아이는 약함과 연약함으로부터 벗어날 기회가 없어요. 이미 강하고 크고 모두 갖춘 아이에게만 상급학교 진학을 허용한다면 못 갖추고 약한 아이들은 자연스럽게 소외될 수밖에 없습니다. 교육의 기회로부터의 소외는 사회로부터도 외면받기 쉽습니다. 건강을 잃은 이에게 의원이 필요하듯 지닌 것이 약하고 작고 적은 아이들에게 가르침이 필요한 겁니다. 가진 것이 적고 약하고 별 볼일 없다고 외면하는 것은 가르치는 자의 도리가 아니지요. 오히려 그들에게 손을 뻗치고 관심을 기울이는 것이 교육자의 도리입니다. 배움을 요청하는 아이의 요청을 외면해서는 안 됩니다. 배움의 요청을 거부하는 것은 배움의 기회를 빼앗는 겁니다. 아이로부터 아이 스스로 새로운 자신을 만들 수 있는 기회를 박탈하는 일입니다. 특정 조건을 기준으로 입학 여부를 가르는 것은 아이를 편 가르는 일입니다. 함께 살아가야 할 아이들을 어른이 앞장서서 아이들 사이에 선 긋기를 하는 것은 아이들 사이를 훼손하는 일입니다.

학생 학교는 배움을 요청하는 아이들을 외면해서는 안 된다는 말씀이 마음에 와 닿아요.

교사 그럼요. 학교는 배움이 필요하고 배움을 요청하는 아이들을 위한 기관입니다. 따라서 배움을 요구하는 아이들은 모두 수용해야 합니다. 배움의 요구는 권리예요. 외면이나 배제의 대상일 수 없습니다. 학교가 내세우는 입학을 위한 자격 요건은 열정을 좇고 재능을 발휘하고 싶은 아이들이 직면하는 커다란 장애입니다. 배움의 기회는 모든 아이들에게 열려 있어야 합니다. 배움의 요구를 외면하는 것은 자기 창조의 요구를 외면하는 일이고, 배움의 기회를 부여하지 않는 것은 자기 창조의 기회를 빼앗는 일입니다. 배움의 기회를 박탈하는 것은 인간으로서의 삶 자체에 대한 부정입니다. 자신을 새로운 존재로 창조하는 것은 아이의 특권이기 때문입니다. 아이의 특권은 아이를 교육해야 할 어른이 의무를 다할 때 비로소 보장됩니다.

교육, 복잡하지 않은가

복잡함, 그것은 성장의 장애다

교사 교육의 주제는 성장입니다. 교육은 어른들이 자신의 의지나 생각을 아이를 통해 표출하는 행위가 아닙니다. 교육을 위한 정책 또한 어른이 자신의 능력을 아이를 통해 뽐내는 수단일 수 없습니다. 교육 정책을 만드는 일이든, 제도를 고안하는 것이든, 직접 교단에 서는 일이든, 어른은 자신의 지식을 자랑하고, 자신의 위대함을 뽐내고, 자신의 우수함을 광고하는 행위가 아닙니다. 교육을 내걸고 행하는 모든 행위는 전적으로 아이의 성장을 돕는 것이어야 합니다. 만일 정책이나 제도가 아이의 성장과는 관계없이 이루어진다면, 결국 제도나 정책은 어른을 위한 것입니다. 어른의 자리를 보존하고, 필요를 강조하고, 자신의 가치를 알리기 위한 계산속에서 이루어진 것이나 다름없는 일입니다.

학생 정책이나 제도의 가치나 의미는 아이의 성장에 있다는 말씀이군요.

교사 그럼요. 성장으로 이어지지 않는 정책이나 제도는 오히려 성장을 가로막는 장애물로 작용할 뿐입니다. 정책이나 제도 결정에 주권적 학생이 없고, 아이를 돌보는 데 관심이 없는 정책이나 제도는 아이를 정책이나 제도의 장식물로 만드는 일일 뿐입니다. 정책의 의미는 성장을 자극하고 성장을 촉진하는 데에 있습니다.

학생 아이의 성장을 돕기 위한 교육으로 권하고 싶은 교육 방법에는 어떤 것이 있는지요?

교사 가장 좋은 것은 자연스럽게 내버려 두는 것입니다. 아이들 성장을 아이들에게 맡기라는 겁니다. 언뜻 이해하기 어려운 이야기일 수 있겠지만 어른의 역할을 최소화할 때 아이는 성장합니다.

학생 그러면 어른이 해야 할 일은 무엇인가요?

교사 무엇보다 아이의 생각이나 행위 하나하나를 격려하고 지지하는 것이 어른이 해야 할 일입니다. 다른 하나는 어른이 자신의 욕심을 채우기 위해 아이를 이용하는 일은 없어야 한다는 겁니다. 교육을 어른의 욕심을 채우기 위한 기회로 이용할 때 교육 정책은 복잡해집니다. 아이를 위한다는 명분으로 복잡한 교육 정책이나 제도를 만드는 것은 아이의 성장이 아닌 어른의 욕심을 채우기 위한 어른의 아집입니다. 아이에게는 굴레일 뿐이지요. 정책이 복잡하면 복잡할수록 아이의 성장은 더뎌지고 아이는 병들어 갑니다. 자신의 능력을 찾아 성장하기에도 빠듯한 시간에, 별로 도움이 되지 않는 어른의 과제에 많은 시간을 소비해야 한다면 아이는 자신의 본래 모습을 잃어버리게 됩니다. 정책이나 제도는 아이의 모습을 결정하는 힘입니다. 어떤 아이로 성장하여 어떤 삶을 꾸려 가느냐 하는 것은 아이가 접한 정책과 제도와 관련이 깊습니다. 어른의 이기심이 개입된 정책이나 제도는 아이의 삶을 어른의 이기심을 충족시키는 도구로 이용하는 일입니다. 큰 고민 없이 함부로 만드는 정책이나 제도는 아이를 생각 없이 대충 교육하겠다는 이야기와 같습니다. 자기도 교육을 위해 무언가 했다는, 자기만의 만족을 위해 정책을 만들고 제도에 손을 대는 것은 아이의 삶에는 관심을 두지 않는 일입니다. 이것은 아이를 어른을 위한 도구로 인식하는 일이고, 아이를 정책의 수동적 대상으로, 복종의 대상으로 삼는 일입니다.

학생 교육을 하려면 어쨌든 정책은 필요하지 않나요?

교사 물론입니다. 정책은 필요하지요. 다만 아이의 성장을 돕는 정책을 만들라는 말입니다. 아이를 지지하고 지원하는 정책을 만들라는 말이에요. 제재하고 통제하여 아이의 생각과 의지를 꺾는 정책이 아니라, 아이의 생각을 지지하고 어떤 능력이든 마음껏 뽐낼 수 있는 정책을 만들어야 합니다. 교육 정책은 오직 아이 성장에 초점을 맞추어야 한다는 거지요. 오직 성장을 돕는 교육만 하라는 말입니다. 그리고 정책을 바꾸거나 새로운 정책을 만들 때는 오직 아이의 성장을 가로막는 장애가 발견되었을 때뿐입니다. 정책은 아이의 성장과 성장을 가로막는 장애물 제거에만 관심을 두어야 하는 거지요. 그 외에는 정책을 변경하거나 새로운 정책을 만들어야 할 이유가 없습니다.

학생 교육을 어른의 눈으로만 보지 말고 아이의 성장을 위한 일인지에 관심을 기울이라는 말씀이군요?

교사 그럼요. 교육을 아이의 성장이라는 아이의 관점에서 바라보는 것이 맞아요. 어른의 가치관이나 이해관계가 개입되면 교육의 길은 왜곡되게 마련입니다. 경제적 관점, 정치적 눈으로 바라볼 때 교육은 경제 혹은 정치에 오염되고 복잡해져요. 결국 어른의 욕심이 교육을 복잡하게 만드는 겁니다. 뿐만 아니라 그것은 아이의 성장을 위한 교육에 장애로 작용하고 그것은 아이의 삶을 병들게 만드는 결과로 이어집니다.

학생 교육이 오염되면 아이가 오염된다는 말씀이지요?

교사 그래요. 오염의 원인은 절제하지 못하는 어른의 욕망이고요. 욕망은 성장을 위한 교육의 길을 어지럽혀요. 교육의 길이 어지러우면 아이 역시 길을 잃게 마련입니다. 아이들에게 무엇을 주입하여 어떤 아이로 만들까에 관심을 두고 욕심을 부릴 때 아이의 모습은 어른의 욕심이 덕지덕지 붙은 기형적 아이가 됩니다. 정책의 복잡함은 욕심의 과다함을 의미해요. 끊임없이 새로운 정책들이 양산되고 따를 것을 강요하는 것은 욕심의 위험성을 말해주는 겁니다. 아이들은 어른의 욕심이 바뀔 때마다 휘청댑니다. 어른의 욕심에 이리저리 끌려 다니게 됩니다. 자신을 잃어버린 채 이렇게 혹 저렇게, 무엇을 왜 해야 하는 지도 모른 채 그냥 어른의 요구대로 부평초처럼 밀려다닙니다. 그리고 교육 과정을 마치고 나면 자신의 성장이라는 교육 결과보다 자신의 능력, 가치관, 성격, 흥미, 개성은 사라진 채 덩그러니 자신이 아닌 어른의 요구에 의해 만들어지고 길들여진 낯선 누군가와 마주하게 됩니다. 누구를 위한 정책인지, 무엇을 위한 정책인지, 그리고 그 결과는 어떻게 될지에 대해 다각도에서 정직하게 평가해 보아야 합니다. 과연 이 정책이 아이의 성장에 얼마나 도움이 되는 정책인지, 도움이 안 되는 것이라면 과감히 포기해야 합니다. 잘못된 정책을 포기하는 것은 아이의 삶을 선택하는 일입니다. 어른의 욕심은 아이에게 상처만 남깁니다. 단순한 정책이 아이들을 과도한 교육 노동으로부터 해방시키는 길입니다. 과한 욕심이 아이의 정신과 도덕을 타락시켜요. 이것이 욕심을 절제하는 단순한 정책을 추구해야 하는 이유입니다. 정책은 아이만 담겨야 합니다. 아이의 필요, 아이의 요구만 담겨야 합니다. 어른의 필요와 요구는 아이의 필요와 요구를 갉아냅니다. 어른이 어른의 요구와 필요의 비중을 키울수록 아이의 필요와 요구는 끼어들 틈이 줄어듭니다. 어른은 아이를 위한 존재임을 잊어서는 안 됩니다. 어른의 존재 의미는 아이에게 있음을 기억해야 합니다. 어른은 아이의 성장을 도울 때 비로소 어른이 됩니다.

교육 내용과 양은 적절한가

너무도 많은 과목들, 너무도 많은 문제들

교사 아이들 손에 들려있는 교과목의 내용과 양은 적절한지 살펴보아야 합니다. 이 내용에 대해서는 북유럽 최대 인문주의자이며 르네상스 전 시대를 통해서 최고 거장으로 일컬어지는 에라스무스Erasmus, 1466~1536의 말을 들어 볼 필요가 있어요. 에라스무스는 많은 지식을 한꺼번에 주입시키는 것에 반대합니다. 아이의 정신 발달과 흥미에 따라 가르치는 교재의 분량을 정하라는 거지요. 다양한 개성을 지닌 아이들에게 동일한 수준과 동일한 성질과 동일한 양을 주입하는 것보다 개인의 능력에 맞는 적절한 수준과 질과 양을 고려한 학습이 효과적이라는 겁니다. 이때 자연을 참고하면 좋을 듯합니다. 자연은 욕심을 부리지 않지요. 필요한 것을 필요한 만큼 취합니다. 적절한 정도를 취할 때 성장에 이롭습니다. 결핍이나 과잉은 모두 성장에 장애 요인이지요. 교육도 마찬가지입니다. 아이의 성장에 적합한 내용과 적절한 양이 있어요. 필요한 내용을 필요한 만큼 선별하여 제공해야 아이는 제대로 성장합니다.

학생 아이들에게 요구하는 양이 지나치게 많다는 말씀인가요? 그렇다면 그 이유는 무엇인지요?

교사 어른의 욕심이 문제라고 봅니다. 교육이 제 길을 잃는 데는 많은 부분 어른의 욕심이 자리합니다. 어른의 욕심이 눈을 가리고 귀를 막아 아이들이 길을 잃게 되는 겁니다. 어른의 욕심이 개입하는 순간 교육의 정도程度는 무너지게 되죠. 같은 내용을 같은 양을 공부해서는 다른 사람을 앞설 수 없다는 강박이 과한 욕심을 부르는 겁니다. 그것도 빨리 그리고 많이 가지도록 강요하지요. 내용이나 양을 정하는 데 아이의 입장이나 아이의 의사는 당연히 배제됩니다. 아이의 상태는 고려의 대상이 아닙니다. 아이에게 제공되는 교육의 양이나 내용은 어른의 욕심과 비례합니다. 어른의 욕심이 늘면 늘수록 아이들의 학습 내용과 학습 양 역시 늘어납니다. 아이들의 스트레스 역시 늘어납니다. 어른은 아이의 스트레스를 줄이는 방법으로 각종 항생제를 투여합니다. 미래를 위한 투자라고, 오늘 흘린 땀방울이 내일의 영광을 위한 에너지라고, 오늘 고통은 내일의 기쁨이라고 현혹합니다. 아이들의 고통은 안중에도 없습니다.

학생 어른의 욕심이 교육을 고통스러운 일로 변질시키는 것이 아닌가 싶네요. 그리고 아이들이 흥미를 잃고 교육으로부터 멀어지는 것도 결국 절제되지 않는 어른의 욕심이 화근이라는 생각도 들고요.

교사 맞습니다. 일방적 요구는 상처예요. 몸과 마음이 상하기 마련입니다. 이때 아이들은 성장을 멈춥니다. 몸에 맞지 않는 음식이 건강을 해치듯 아이의 지적, 신체적, 정신적 상황에 대한 고려 없이 일방적으로 주어지는 교육 또한 아이를 망치기 마련입니다. 그래서 정규 교육 과정상 편성되어 있는 교과의 내용과 양이 적절한지 살펴봐야 한다는 겁니다. 아이를 위한 것이라는 생각에서 만들어 놓은 교육이 오히려 아이들을 고통스럽게 할 수도 있다는 사실을 알아야 합니다. 어른의 욕심이 아이들 성장을 가로막는 장애가 되지는 않는지 살펴야 한다는 거지요.

학생 아이의 고통은 어른의 욕심이 만들어내는 것일 수 있겠다는 생각이 듭니다.

교사 그럼요. 어른은 자신이 지닌 지식이 다른 어떤 지식보다 중요하다고 생각하는 경향이 있어요. 그래서 다른 분야의 지식보다 자신이 속한 분야의 지식을 먼저 확산시켜야 한다는 의무감 같은 것이 작용하는 모양이에요. 자신이 지닌 지식이 확대되어 보다 많은 이들이 공유할 때 지식의 힘이 강해진다고 여기는 거지요. 그래서 어른들마다 자신이 알고 있는 지식을 가르쳐야 한다고 생각해요. 문제는 알고 있는 지식이 어른마다 다르다는 데 있습니다. 여기에서 다른 사람이 알고 있는 지식보다 자신이 알고 있는 지식이 더 중요하다는 지식 이기주의가 생겨납니다. 어느 편도 양보가 없지요. 여기에서 야합이 생깁니다. '그러면 다투지 말고 우리가 지니고 있는 모든 지식을 전하자.'라는 식으로 말이지요. 이것이 아이들이 익혀야 할 지식의 양이 많아지는 이유입니다. 어른의 불법적 담합은 고스란히 아이의 부담과 고통으로 이어집니다. 어른은 교과 지식에 대한 정직한 평가 없이 자신이 지니고 있는 축적된 지식을 가감 없이 교과서로 묶습니다. 그것은 아이들을 묶는 일입니다. 아이들의 필요와 요구는 안중에도 없습니다. 어른들은 서로 다른 지식보다 자신이 속한 분야의 지식이 더 중요하니 아이들이 알도록 해야 한다는 거지요. 아이들의 머리는 어른들이 지목한 지식을 저장해 두는 지식 저장소가 아닙니다. 잠시 동안 보관해 두는 지식 보관소는 더더욱 아니지요. 지식은 자신을 돋보이기 위한 장식품도 아닙니다. 그들의 생활을 윤택하게 만들어갈 에너지인 거지요. 문제는 모든 지식이 에너지원이 되는 것이 아니라는 데 있습니다. 생활 방식과 내용에 따라 지식의 필요성과 가치는 달라지지요. 따라서 모든 지식을 일방적으로 주입할 것이 아닌 겁니다.

'먹이는 것과 먹는 것 혹은/만들어져 있는 것과 자신이 만드는 것/사람은/제 입맛에 맞춰 음식을 만들어 먹지만/가축은/싫든 좋든 이미 배합된 재료의 음식만을/먹어야 한다./…/재료를 넣고 뺄 수도/젓가락을 댈 수도/마음대로 선택할 수도 없이/맨손으로 한 입 덥석 물어야 하는 저/음식의 독재'

오세영1942~ 시인의 「햄버거를 먹으며」라는 시의 일부입니다. 마음대로 선택할 수 없이 주어진 대로 무조건 먹어야 하는 상황을 독재라고 말합니다. 어른이 제시한 지식을 선택할 수밖에 없다면, 그래서 무조건 익혀야 하는 것이라면 이 또한 '교육 독재'일 수 있습니다. 어른은 지식을 진열해 놓고 아이가 진열되어 있는 다양한 지식들 중 자신이 필요로 하는 지식을 선택할 수 있도록 해야 합니다. 자신이 살아갈 삶의 방식에 필요한 지식을 자유롭게 선택할 수 있어야 한다는 말입니다. 지식 선택의 자유가 주어져야 한다는 거지요. 아이들은 자신의 필요에 따라 지식을 선택할 자유가 있고 자신이 선택한 지식을 배울 권리가 있습니다. 어른들은 아이들의 권리에 가르쳐 줄 의무로 답하면 되는 겁니다.

학생 어른이 요구하는 모든 지식이 정말 아이들 성장에 도움이 될 수 있지 않을까요?

교사 도움이 되는 것이라면 어렵고 힘들더라도 할 이유가 충분합니다. 다만 자신이 지닌 지식을 사회가 더 이상 필요로 하지 않아 아이들에게 전해줄 필요성이 사라지게 되면, 혹 일자리가 사라지고, 자신의 사회적 입지가 좁아질 것을 우려해서 불필요한 지식임에도 필요를 가장해 강요한다면 그것은 문제입니다.

학생 어른의 욕심을 위한 교육이라면 아이 없는 교육이 이루어질 수도 있겠다는 생각이 드네요.

교사 아이보다 어른을 우선하고, 어른의 욕심이 조직적으로 작동한다면 문제입니다. 조직화된 욕심이 교육 내용을 선정하고 양을 책정한다면 그것이 진정으로 아이 성장에 어떤 방식의 도움이 될지 곱씹어 보아야 합니다. 어른의 욕심이 아이 성장에 걸림돌이 된다면 문제지요. 아이들 가방엔 아이들의 꿈과 희망 그리고 기쁨이 들어 있어야 해요. 어른의 욕심이 그득하면 아이의 꿈은 들어설 공간이 없어집니다. 아이가 짊어진 가방은 아이의 미래입니다. 어른의 욕심을 짊어지게 할 수는 없는 일입니다. 아이가 지고 있는 가방을 점검해야 합니다. 아이의 가방에 어른의 욕심만 그득한 것이 아닌지 살펴야 해요. 어른의 욕심이 아이에게는 짐입니다.

학생 그런데 공부할 내용은 점점 늘어나는 것 같아요. 어른의 욕심이 늘어서겠지요? 다른 사람에게 없는 무언가 특별한 능력이 필요하다면서 어른들은 계속 새로운 능력을 요구하잖아요.

교사 그것이 문제라는 겁니다. 무조건 많이 집어넣으려는 데 혈안이 되어 있어요. 사설 학원이 난립하고, 별의 별 참고서들이 홍수를 이루고, 특별한 능력을 지닌 아이로 만들어 주겠다는 교재들이 아이와 부모를 현혹합니다. 이들의 말만 들으면 지금 당장이라도 특별한 재능을 지닌 능력자들로 북적이는 세상이 만들어질 것 같습니다. 이러한 외침과 유혹 속에서 정작 주인공인 아이들은 병들어 갑니다. 새로운 것의 요구는 새로운 욕심이 생겼음을 의미합니다. 욕심은 자신들의 잇속만 챙기는 식의 교육으로 이어집니다. 욕심은 아이의 성장이라는 중요한 교육적 과제를 볼 수 없도록 눈과 귀를 가립니다. 욕심을 내려놓을 때, 비로소 아이의 삶이 눈에 들어옵니다. 탐심을 거둘 때 아이들의 생득적 능력과, 그들의 흥미와, 그들의 오늘과 내일을 위해, 정말 필요한 내용을 적당한 만큼 제공하고 있는지 제대로 보입니다.

학생 말씀을 들으니까 교육 내용이나 양은 정말 중요한 거군요.

교사 그럼요. 무엇을 쓰고, 적고, 이해하고, 말하고, 듣고, 외우고, 풀게 할 것인지 신중하게 정해야 해요. 시대는 늘 변하잖아요. 당연히 시대가 요구하는 아이들의 모습도 변하기 마련이고요. 시대가 필요로 하는 지식이나 능력도 함께 변합니다. 따라서 거기에 맞는 능력을 갖출 수 있도록 도와야 해요. 시대를 거스르고 시대의 요구를 무시하는 교육 내용이 있다면 문젭니다. 그것은 청소년들의 값비싼 인생을 허비하게 하는 일입니다. 쓸데없는 지식을 외우느라 허비하는 시간을 누가 어떻게 보상할 수 있겠어요. 아이들 책상 위에 놓여 있는 교과서가 적당한 내용과 적절한 양인지 아이들의 입장에서 따져봐야 합니다. 특히 여기에 어른들의 이해관계가 개입되어서는 안 됩니다. 교과이기주의가 끼어들면 안 됩니다. 학문 영역 간 다툼도 있을 수 없습니다. 배움의 주인공은 아이들이고, 교육은 아이들의 삶을 위한 일이기에 그렇습니다. 어른의 욕심이 야합해서 교과가 정해지고 자본의 논리로 교과 간 서열을 매기고 선두에 세워진 교과에 대한 능력이 곧 아이의 능력이 되고, 한 번 결정된 능력은 영원히 고정되어 주홍글씨로 작용한다면 비극입니다. 아이는 행복할 권리가 있습니다. 어른의 욕심은 아이의 행복권을 위협하는 가장 강력한 위험요인입니다.

삶의 가치를 더하는 교육인가

· 가치 향상, 그것은 일종의 사랑이다

교사 오랜만에 동네 공방에 갔어요. 마당 한편에 크고 작은 나무들이 가득 쌓여 있었습니다. 이미 어떤 물건을 만들려는 시도가 묻어 있는 나무들도 한자리를 차지하고 있고, 아직 용도가 정해지지 않은 듯 선반 위에 얹혀 있는 판자들도 있습니다. 한쪽 벽엔 세모, 네모, 동그라미 모양의 판자들도 여럿 세워져 있습니다. 그러한 녀석들을 뒤로하고 솜씨를 부리는 공예가의 숨결이 묻어나는 지하 공방으로 내려섰습니다. 요란한 기계음과 함께 조금은 촉촉한 나무향이 문틈 사이로 새어나왔습니다. 반갑게 맞는 공방 주인의 이마엔 이른 시간이었음에도 땀이 흥건합니다. 주인은 자신이 사용하는 나무의 특성을 속속들이 알고 있습니다. "이것은 기둥감이에요. 이것의 성질이 기둥이 맞아요. 판자로 쓰는 나무는 이것이어야 하고요. 무늬도 예쁘잖아요. 그리고 못질을 하면 못 써요. 가능하면 나무의 성질을 이용해서 서로 맞물리게 하는 것이 좋아요." 그는 나무의 성질에 맞는 제품을 만들어야 제품이 제 곳에서 제 기능을 할 수 있다고 합니다. 공방 주인의 말을 들으면서 물건은 나무의 특성이 만든다는 사실을 알았습니다. 어떤 나무로 만든 물건이냐에 따라 물건의 가치가 달라진다는 것도 알 수 있었어요. 같은 물건이라도 물건의 용도에 맞는 나무를 사용한 것과 그렇지 않은 물건의 가치는 다르다는 겁니다.

학생 나무마다 쓸모가 다르다는 말씀이군요. 그리고 나무의 성질을 고려하여 물건의 용도를 정해야 쓸모 있는 물건이 만들어진다는 것이지요?

교사 그렇습니다. 목재의 쓸모는 나무의 성질이 정하는 겁니다. 목수가 임의로 정하는 것이 아닙니다. 목수는 나무의 성질을 파악하여 그 성질에 맞는 쓸모를 찾는 겁니다. 나무의 성질에 대한 고려나 배려 없이 만들어진 물건은 제대로 사용할 수 없습니다. 물건이 제 기능을 할 수 없기 때문입니다. 나무가 지니고 있는 특성을 제대로 발휘할 수 있도록 나무의 특성에 맡는 역할을 나무에게 맡겨야 합니다. 나무의 성질이 물건의 용도와 크기 그리고 모양 등을 정합니다. 목수는 다만 나무의 특성이 제대로 기능을 발휘할 수 있도록 돕는 겁니다. 아무리 만들고 싶은 물건이 있을지라도 그 물건에 어울리는 나무가 없다면 만들 수 없는 거지요.

학생 목수는 나무의 성질을 꿰뚫어볼 수 있는 안목이 필요하겠군요.

교사 그럼요, 정말 중요한 일입니다. 나무의 성질을 파악할 수 없다면 나무를 이용한 작품 만들기는 할 수 없는 일입니다. 능력이 부족함에도 무엇인가 만들려고 시도하는 것은 소중한 나무를 망가뜨리는 일입니다.

학생 나무를 대하는 목수의 자세가 교육에서는 어떻게 적용될까요?

교사 네, 공방을 통해 교실을 바라볼 필요가 있습니다. 목수가 원하는 물건을 함부로 만들 수 없듯이 어른이 원하는 아이 또한 함부로 만들 수 없다는 겁니다. 나무의 특성에 맞는 작품을 구상하고 물건을 만들 듯 아이의 특성에 맞는 삶을 살아가도록 도와야 합니다. 목수의 뜻을 앞세울 수 없듯 어른의 뜻을 앞세우지 말라는 거지요. 나무의 성질이 물건의 용도나 모양, 놓일 장소 등을 정하듯 아이의 삶은 아이의 특성이 정하는 겁니다. 어른의 욕구가 정할 수 없는 일이지요. 어떻게 살아가든 아이의 특성에 맞는 삶을 살아갈 때 성공적이고 가치 있는 삶이 됩니다.

학생 아이들의 특성을 찾아 계발하고 발전시키는 일이 중요하다는 말씀이군요.

교사 그렇습니다. 어른의 욕심을 앞세우지 말라는 겁니다. 어른의 욕심은 아이의 특성을 나눕니다. 쓸모 있는 특성과 쓸모없는 특성으로 말입니다. 이때의 쓸모는 물론 어른의 욕심이 기준이 됩니다. 어른의 욕심을 채워줄 수 있는 특성이면 쓸모 있는 것으로, 그렇지 않으면 쓸모없는 특성이 되는 겁니다. 그리고 어른의 욕구를 채워줄 수 있는 특성을 지니도록 강요하지요. 이때 어른의 욕구를 채워줄 수 있는 특성을 지닌 아이라면 그나마 다행이겠지만 그러한 특성을 지니지 못한 아이에게는 고통스러운 일입니다. 이것이 아이들이 책을 멀리하고 배움을 기피하고 학교를 떠나는 이유입니다. 교육은 아이의 삶을 돕는 적극적이고 체계적인 사회의 배려입니다. 어른의 욕구를 나열해 놓고 어른의 욕구를 충족시켜 줄 수단으로서의 아이를 양산하는 행위가 아닙니다. 어른의 욕구만을 주입하는 교육이라면 교육의 기간이 길면 길수록 아이는 자신을 잃어버리고 어른의 아바타로 변할 겁니다. 교육을 통해 아이는 자신을 발견하고 자신을 발전시키며 자신만의 독특하고 개성 있는 삶을 만들어 갑니다. 교육은 자신의 가치를 끌어올리는 일입니다. 삶의 가치를 더하는 일이지요. 삶의 가치는 자신을 찾는 일에서부터 시작됩니다. 자신을 찾아 계발하면 삶의 가치는 향상됩니다. 가치 향상을 위한 교육은 아이에 대한 이해로부터 시작됩니다. 그리고 이것은 아이들이 자신들의 특성을 마음껏 발휘할 수 있는 기회를 가질 때 가능한 일입니다. 어른의 욕심은 아이들의 특성을 움츠러들게 합니다.

배움의 필요를 깨우치는가

아이의 하루가 빛날 수 있는 것은 어른의 따뜻한 손길 때문이다

교사 '미래의 교육받은 사람이란 계속해서 배울 필요를 인식하고 있는 사람이다.'라고 피터 드러커Peter F. Drucker, 1909~2005는 배움에 대해 말했습니다. 교육을 받았다는 것은 교육을 끝냈다는 말이 아닙니다. 더 이상 배울 것이 없다는 의미는 더더욱 아닙니다. 부족함을 깨달았다는 말이지요. 배움의 필요성을 인식했다는 말입니다. 창조적인 사람은 배움에 목말라 합니다. 배움에 대한 욕구는 자신을 거듭 새로운 존재로 창조하려는 욕구입니다. 따라서 배움의 필요성을 깨닫고 배움을 멈추지 않는 사람은 계속 새로운 존재로 태어나고 새로운 삶을 살아가게 됩니다.

학생 자신을 변화시키고 바꾸는 최선의 방법은 배우는 일인 것 같아요.

교사 물론입니다. 배움은 자신과 세상을 보는 시야를 확장시킵니다. 자신과 세상을 세세히 들여다볼 수 있는 힘이 생기게 되는 거지

요. 좀 더 넓게 많은 것을 보게 됩니다. 새로운 것을 볼 수 있게 되고 새로운 관점을 배웁니다. 새로운 세상은 새로운 호기심으로 이어져요. 그리고 시야가 넓어지면 새로운 필요가 보입니다. 결핍된 부분을 발견하게 됩니다. 이렇게 보완의 필요를 느끼게 되면 또 다른 배움의 욕구를 자극하게 되고, 자연히 배움의 길은 넓어집니다.

학생 배우는 것은 부족하고 결핍된 부분을 찾는 과정이라는 생각이 들어요.

교사 그럼요. 배움은 부족함을 깨닫는 거예요. 그리고 채우는 거지요. 결핍된 부분을 보완하는 것이 새로운 존재가 되는 일입니다. 부족한 부분에 대한 깨달음은 배움을 촉구하고요. 보다 넓은 세상에 대한 탐구심을 북돋웁니다. 넓은 세상을 탐하는 이러한 노력이 자신은 물론 세상을 변화시킵니다.

학생 그렇다면 교육은 어떻게 이해해야 될까요?

교사 교육은 배움의 요구에 대한 응답이라고 할 수 있어요. 배움의 요구는 변화에 대한 바람이고요. 배움의 요구를 어떻게 대하느냐에 따라 한 인간, 그리고 사회의 모습은 달라지는 겁니다. 그래서 적절하고 체계적인 응답이 필요한 거지요. 배움에는 끝이 없다고들 말합니다. 변화를 요구하는 사람들의 절절함이 배어 있는 말입니다. 인간은 오늘과는 다른 내일을 꿈꾸는 법입니다. 끝없는 배움의 욕구는 새로운 자신에 대한 관심과 애정 때문에 생깁니다. 자신에 대한 애정과 관심이 있는 한 배움의 욕구는 멈추지 않을 겁니다. 누구든 늘 새로운 자신을 원하거든요. 그러한 필요와 욕구를 충족시켜 가는 과정이 교육이고 삶입니다.

학생 결국 교육은 변화를 돕는 활동인 셈이네요.

교사 맞습니다. 배움은 변화예요. 배움은 자신은 물론 세상을 바꿉니다. 변화를 두려워하는 삶 속에는 교육이 들어설 자리가 없어요. 정체된 삶은 부패하고 멈춘 사회는 퇴보하게 마련입니다. 그런 의미에서 교육은 삶의 부패와 사회의 퇴보를 치료하고 예방하는 활동이기도 한 겁니다. 자신에 대한 애정과 세계에 대한 관심이 높은 사람은 배움의 욕구에 충실합니다. 교육은 자신을 돌아보고 세상에 관심을 기울일 수 있는 계기를 마련해 주기 때문이지요.

학생 교육을 강제할 필요는 없을까요? 배움을 거부하는 사람들은 어찌 보면 사회의 올바른 변화에 동참을 꺼리는 사람일 수도 있으니까요.

교사 배움은 타협이에요. 일방적 강요가 아닙니다. 배우는 자의 의지의 작용인 거지요. 교육은 무엇인가를 익히도록 일방적으로 강요하는 것이 아니라, 자신과 세계에 관심을 기울일 수 있도록 시야를 넓혀주는 일이에요. 세상이 어떻게 움직이고 그렇게 움직이는 세상에서 어떻게 살아가야 할지에 대해 관심을 기울이는 것이 교육인 겁니다. 삶의 방식은 간섭의 대상이 아닙니다. 강요의 문제는 더더욱 아닌 거지요. 교육은 삶의 한 방식일 뿐이에요. 그 누구라 할지라도 간섭할 수 없고, 그 누구로부터도 간섭받지 않을 권리, 그리고 자유가 있는 겁니다. 교육은 본인의 자유로운 선택에 의해 이루어지는 자유의 영역입니다.

학생 교육을 꺼리는 사람들은 어떻게 하는 것이 좋을까요?

교사 교육의 필요성을 깨닫도록 돕는 것부터 교육은 시작됩니다. 그리고 배움의 욕구를 일깨우는 일도 교육이 해야 할 일입니다. 교육을 꺼리는 것은 교육의 필요성을 몰라서입니다. 교육이 삶에 의미를 더해가는 일임을 일러주어야 합니다. 교육의 필요성을 몰라 교육을 꺼리는 것은 교육의 기회를 갖지 못했다는 증거이기도 합니다. 사람은 누구나 교육을 통해 교육의 필요성을 깨닫게 됩니다. 교육을 접한 적이 없기에 교육의 의미를 모르고 교육의 필요를 모를 수밖에 없는 겁니다. 교육의 필요는 교육이 가르쳐 주는 거지요. 배움의 필요는 배움이 가르쳐 줍니다. 교육을 통해 교육의 필요를 깨우쳐 주고 배움을 통해 배움의 가치를 가르쳐야 합니다. 교육의 필요를 깨닫고 배움에 대한 열정을 가지고 살아갈 때 비로소 인간은 끊임없이 새로운 존재로 거듭나게 됩니다. 새로운 존재는 또 다른 존재를 위해 교육을 요구합니다.

사물을 가르치는가

사물과 직접 부딪히게 하라

교사 교육은 가르치고 기르는 일입니다. 가르침은 깨닫게 하고 익히게 하는 거지요. 가르침의 대상은 사물입니다. 세상의 모든 사물이 교육의 대상인 거지요. 세상에 흩어져 있는 사물에 대한 앎이 배움입니다. 사물에 대한 앎은 사물 만에 대한 앎을 의미하지 않습니다. 사물들을 통해 나를 깨닫고 인간을 알고 세상을 배우게 됩니다. 이러한 사물들에 대한 깨달음을 강조한 이는 체코슬로바키아의 종교 개혁자이자 교육 사상가인 코메니우스Comenius, 1592~1670입니다. 그는 사물을 깨닫게 하는 순서도 정해 두었습니다. 그는 사물을 깨닫는 순서를 이목구비耳目口鼻 중 눈부터 시작할 것을 권합니다. 들려주기 전에 보여주라는 것이지요. 즉, 코메니우스의 교육은 보는 것으로부터 시작됩니다.

학생 사물과의 만남도 순서가 있는 거군요.

교사 그렇습니다. 변화라는 교육의 꿈은 보는 것으로부터 시작됩니다. 본다는 것은 앎을 향한 우선 조건입니다. 봄으로써 듣고 싶고, 만지고 싶고, 맛보고 싶고, 냄새 맡고 싶은 욕구가 생겨납니다. 아이들에게 늘 보고 들을 수 있는 기회를 제공해야 합니다. 아이들 책상 위에 사물들이 놓여 있어야 된다는 말입니다. 사물들이 있어야 할 그 자리에 사물들을 대신하여 그것들에 관한 '문자'만 나열되어 있지는 않은지 돌아봐야 합니다. 그조차 없이 교사들이 자신들의 생각과 깨달음만을 전하는 '소리'만 울리고 있지는 않은지도 돌아봐야 해요. 교육의 출발은 사물을 보여주는 것부터 출발한다는 코메니우스의 말에 귀 기울여야 합니다. 시각이 교육을 여는 문이라는 그의 가르침이 헛된 구호가 되어서는 안 될 일입니다. 보여주는 것의 교육적 의미를 되새겨야 합니다.

학생 어떤 방법이 있을까요?

교사 교재 속 사물을 교실로 들여오는 방법과 찾아 가는 방법을 생각할 수 있습니다. 온갖 사물 속에서 사물과 함께 어울릴 수 있어야 해요. 사물 없는 사물 교육은 가치도 의미도 없는 일입니다. 사물과 함께할 때 비로소 아이들의 눈은 떠지고, 귀가 열리게 됩니다. 사물과 어울릴 수 있는 기회를 제공하는 일이 중요한 겁니다. 그래서 아이와 사물이 만날 수 있도록 만남을 주선해야 합니다. 그리고 볼 수 있도록 해야 합니다. 사물을 만져보고 냄새 맡고 두들겨 보게 해야 해요. 그리고 사물에 대해 생각하고 판단할 수 있도록 해야 합니다.

학생 사물과의 만남을 강조하는 이유가 있나요?

교사 그것은 사물에 대한 어른의 생각을 앞세우지 말라는 의미입니다. 아이가 보고, 느끼고, 생각하고, 판단해야 한다는 거지요. 어른이 보고, 판단하고, 생각하고, 느낀 것을 아이에게 전해주는 것은 아이의 눈을 가리는 일이라는 겁니다. 더욱이 어른의 느낌엔 한계가 있습니다. 보고, 듣는 것도 극히 일부분에 지나지 않습니다. 그것을 정답으로 제시하는 것은 아이의 봄과 들음 그리고 느낌과 생각을 제한하는 일입니다. 어른의 느낌과 앎이 그리고 깨달음이 전부가 아닙니다. 정답은 더더욱 아닙니다. 따라서 사물에 대한 어른의 생각을 아이의 생각 앞에 드러내는 것은 아이의 생각과 판단 그리고 느낌의 기회를 박탈하는 일이 되는 겁니다. 어른은 안내자일 뿐이에요. 사물에 어른의 생각을 덧씌울 때 사물을 보는 아이의 눈은 왜곡되게 마련이고, 아이의 판단은 흐려지게 됩니다. 그래서 아이에게 직접 사물을 보여주고 대화하게 하라는 겁니다. 직접 보고, 판단하게 하고, 느끼게 하라는 거지요. 그 과정에서 사물을 이해하고 깨달을 수 있게 되고, 자신과 세상을 배우는 기회가 주어지는 거라는 겁니다. 사물에 대한 가르침을 사물로부터 직접 받으라는 거예요. 어른을 통해 배우는 것은 사물에 대한 것이라기보다 어른의 생각과 느낌을 배우는 것이 될 테니까요. 어른은 다만 사물과의 만남을 주선하면 되는 겁니다. 수없이 많은 것을 보고 들었던 인류의 도정은 결국 인간의 성숙과 변화를 이루기 위한 교육적 노력이었다고 생각합니다.

교육의 길
둘

인간적 교육
아이들의 명예는 존중하는가?

아이들을 학교로 이끄는 힘은 삶에 대한 애정입니다. 이러한 흠결과 나약함으로는 거친 세상을 헤쳐 나갈 수 없다는 두려움도 책가방을 챙기게 합니다. 그래서 '창조인, 자유인, 문화인, 평화인, 미래인'이라는 교문 밖 구호에 마음이 끌렸던 겁니다.

이만한 위로의 말은 없습니다. 이처럼 달콤한 사랑의 메시지가 또 있을까요? 슬로건에 적합한 활동, 그것이 교육이고 정의입니다. 이것이 과장 구호, 허위 구호가 아니길 바랍니다.

눈치를 살피게 하지는 않는가

높은 곳에 서서 소리치지 마라

교사 교육이라는 백년대계에 어른의 사심이 작용하고 어른의 이기심에 근거한 잘못된 교육 논리가 지배할 때 아이는 어른의 눈치를 봅니다. 교육은 있는데 아이의 삶에는 관심이 없는 상황이 연출될 때 아이는 눈치를 보게 되는 것이지요. 어른의 이기심이 아이의 마음을 짓누르기 때문입니다. 슬프고 불행한 일입니다. '이것은 이렇게 하고, 저것은 저렇게 해라.'라는 식의 지시와 명령이 그득한 교실에서는 아이들의 당당함은 숨 쉴 수 없습니다. 아이들은 늘 불안한 가운데서 생활하게 되지요. 아이들의 눈은 불안을 안은 채 부모나 교사의 입에 집중됩니다. 언제 어떤 지시가 떨어질지 모르기 때문입니다. 한마디라도 놓치고, 하지 못하게 되면 무자비한 질책으로 이어진다는 것을 경험을 통해 알고 있기 때문입니다.

학생 네 맞아요. 저희는 어른의 눈치를 자연스럽게 보게 돼요. 어른의 뜻을 모르고 하는 행동은 어른의 화를 부르는 일이니까요.

교사 당연히 그렇게 되겠지요. 힘센 사람의 눈치를 보는 것은 당연해요. 그런데 부모나 교사는 아이를 복종시키거나 지배할 수 있는 공인된 권리나 힘을 지닌 존재가 아닙니다. 아이와 어른은 위계 관계가 아니에요. 협력 관계지요. 서로에게 도움을 주는 관계일 뿐, 높낮이가 있는 관계일 수는 없습니다. 어른을 높은 사람, 권력자 혹은 지시나 명령을 내리는 자로 인식하게 되면 아이들의 손발은 자연스럽게 어른의 지시만 기다리는 수동적 도구가 되고 맙니다. 눈도, 입고, 귀도, 어른의 명령에 의해서만 눈을 뜨고 입을 열게 되겠지요. 결국 아이들은 주체적인 존재가 아니라 스스로는 그 무엇도 할 수 없는 수동적 존재가 되는 겁니다. 어른의 지시 없이 움직이는 것은 생각할 수조차 없는 일입니다. 지시 없이 움직인다면 새로운 이름이 붙게 될 수도 있겠지요. '문제아'라고요.

학생 네, 그래요. 학교에서는 선생님의 말씀이 곧 법이에요. 정답이기도 하고요. 물론 가정에서는 부모님의 말씀이 법이고 정답입니다. 당연히 어기면 죄를 짓는 일이고 죄는 벌로 이어집니다.

교사 그래요. 그래서 어른의 자리를 옮겨야 해요. 아이의 앞에서 뒤로 가야 합니다. 어른은 아이 앞에서 일방적으로 이끄는 존재가 아닙니다. 아이에게 지시하고 명령하는 높으신 존재가 아닌 거죠. 지체 높은 신분으로 아이 앞에 설 때 아이의 몸과 마음은 움츠러들게 되고, 높은 분의 입에서 나온 지시와 명령은 아이의 움직임을 멎게 합니다. 이럴 때 아이가 어른의 눈치를 보는 것은 당연한 수순입니다.

학생 네 그래요. 통제자로서의 어른의 말씀은 아이들의 표정을 굳게 합니다. 눈도 입도 기능을 잃습니다. 볼 수도, 말할 수도 없게 됩니다.

교사 그렇지요. 그래서 가정 혹은 교실에서 부모 그리고 교사라는 높으신 분(?)을 위한 의전으로 요란을 떠는 일은 없어야 하는 거죠. 의전을 위해 높은 분의 눈치를 보는 일은 없어야 합니다. 어른의 존재 의미는 아이에게 있는 것이거든요. 어른은 단지 아이의 요구를 듣고 지원하는 존재임을 잊어서는 안 됩니다.

학생 네, 맞아요. 아이의 말을 들어주고 필요한 도움을 주지 못하는 어른은 존재 의미가 없다고 생각합니다.

교사 맞는 말이에요. 어른은 지휘자가 아니라 지원자임을 기억해야 합니다. 아이들을 눈치 보게 하는 자가 아니라 아이들의 눈치를 살피는 자가 되어야 한다는 겁니다. 진심으로 팔을 걷고 아이를 도울 마음이 없다면, 아이 위에 군림하고 지휘하고 싶은 마음이 간절하다면 교단에서 내려오는 것이 맞습니다. 부모의 자리에도 어울리지 않기는 마찬가지입니다.

학생 네, 정말 선생님은 친절하셨으면 좋겠어요. 웃음으로 만나고 헤어질 수 있는 분이셨으면 해요. 무섭다는 느낌이 들면 선생님과 함께 있는 것조차 부담이 돼요. 그 분위기에서 빨리 헤어나고 싶어질 뿐입니다. 무서운 선생님과 함께하는 시간에는 본능적으로 몸과 마음이 지니고 있는 모든 기능이 멈추게 됩니다. 교육이 될 리 없어요. 당당함이 사라지게 됩니다. 부모님도 마찬가지입니다.

아이의 명예를 존중하는가

아이의 생각, 욕망, 미소, 침묵… 모두 옳다

교사 이번에는 학생의 명예에 대한 이야기를 하겠습니다. 교육은 그 자체로 아이들의 명예를 존중하는 일이니까요.

학생 명예를 존중한다는 말씀이 무슨 뜻인가요?

교사 명예를 존중하는 것은 아이를 있는 그대로 인정해 주는 것을 의미합니다. 아이들의 모든 것을 인정해주고 존엄하게 대우하고 드높이는 일이지요. 아이들은 존엄한 존재잖아요. 명예를 존중하는 일은 존엄함을 훼손하지 않는 거예요. 교육을 행하는 것 자체가 존엄하게 대우하는 일이거든요. 그러니까 명예를 존중하는 것은 어쩌면 당연한 일이에요. 명예를 더럽히는 것은 교육이 아닐 테니까요. 예를 들면 이런 겁니다. 남과 비교해서 부족하고 모자라고 못하다고 지적하는 것이 아니라, 아이가 지니고 있는 모든 것을 있는 그대로 사랑해 주고 인정해 주는 겁니다. 그래서 아이도 스스로 자신을 자랑스럽게 여기도록 도와주는 것이지요.

학생 아이들의 것은 무엇이든지 귀하게 대하라는 말씀인가요?

교사 물론입니다. 여기에는 예외가 있을 수 없어요. 아이들은 모두 훌륭하고 귀한 존재예요. 그 누구도 존엄하지 않은 아이는 없습니다. 그래서 아이를 존엄하게 대해야 하는 것은 당연한 겁니다. 명예는 존엄함에 대한 인정입니다. 좀 더 구체적으로 말씀드리면 아이가 지니고 있는 모든 것, 즉, 아이의 흥미와 능력, 가치관, 사상, 견해 등 그들의 모든 것을 그대로 수용하고 인정해 주는 겁니다. 아이의 능력이나 흥미, 사상 등이 비록 어른의 것과 다르다 해도 그것을 교정하려 지적하고, 나무라는 것이 아니라, 그들의 것을 그대로 인정해 주는 것이 존엄하게 대하는 겁니다. 아이의 특성을 존엄하게 인정하고 고귀하게 대해 주어야 하는 것은 어른의 마땅한 도리예요. 세상 그 누구도 아이들을 평가하고 비난할 아무런 근거도 권리도 없습니다. 그리고 인정받는 아이는 스스로를 더욱 나은 모습으로 만들려는 의지를 갖게 됩니다. 교육은 인간의 품위를 높이고 가치를 향상시키기 위한 노력입니다. 품위 향상을 위한 교육이 품위를 떨어뜨리는 방법으로 이루어질 수는 없는 일인 거지요. 인간을 위한 활동이 인간을 해치는 방법으로 이루어지는 것은 사리에 맞지 않는 겁니다. 그러므로 교육은 명예를 존중하는 방법으로 이루어져야 하는 겁니다. 교육은 그 자체가 명예를 존중하는 일이어야 합니다.

학생 말씀을 들으니까 아이들은 성장하면서 "넌, 왜 그러니?"라는 말을 참 많이 듣는 것 같아요. 집에서든 학교에서든 어른들은 자신의 마음에 들지 않을 때마다 입버릇처럼 말씀하시곤 하세요.

교사 그렇지요. 어른들은 자신의 것을 정답으로 생각하는 경향이 있어요. 어른들은 자신의 생각, 관점, 견해, 입장만을 정답으로 인정해요. 어른의 생각이 정답이면 어른의 생각과 다른 아이의 생각은 당연히 오답이 되는 겁니다. 그것은 아이를 존엄한 존재로 여기지 않는다는 것을 의미해요. 이러한 대접을 받으면서 자라는 아이는 당당함이 자라질 않습니다.

학생 네, 맞아요. 움츠러들게 돼요. 무엇인가 말하라고 하면 머뭇거리게 되고 쭈뼛거리게 됩니다. 혹 어른의 생각과 달라서 야단맞거나 비웃음 당하면 어쩌나 하고요.

교사 네, 맞아요. 당당함이 사라진 자리에는 비굴함이 자라게 마련이에요. 그리고 눈치를 보게 합니다. 아이들을 눈치 보게 만드는 일은 어른의 도리가 아니지요.

학생 네, 인정받는 삶, 생각만 해도 감동적이네요.

교사 사랑의 이름으로 포장해 아이 앞에 던져놓은 어른의 생각은 없는지 돌아볼 일입니다.

체벌을 하지는 않는가

교육의 주제는 사랑이다

교사 명예를 존중하는 것 못지않게 중요한 것은 체벌하지 말라는 겁니다.

학생 아! 네. 체벌. 말만 들어도 무섭고 두려워지네요.

교사 그렇지요. 체벌은 인간에 대한 멸시고 모욕입니다. 그리고 인간 존엄에 대한 심각한 도전이에요. 이러한 체벌은 몸도 마음도 움츠리게 만듭니다. 뿐만 아닙니다. 체벌은 세상을 바라보는 눈을 부정적으로 만들어요. 세상은 물론 자신조차도 싫어지게 만드는 것이 체벌입니다.

학생 체벌은 말만 들어도 정말 화가 나요. 그런데 체벌을 해야 할 이유가 있을까요?, 세상에 맞을 짓이 있나요? 어떤 경우에 체벌이 정당화될 수 있을까요? 저는 없다고 생각해요.

교사 맞아요. 체벌의 이유는 없어요. 바른 길을 일깨운다는 것을 빌미로 이루어지는 체벌은 오히려 바른 길을 벗어나게 만들 뿐입니다. 그 누구도 아이에게 마음껏 소리쳐도 되는 권한을 부여하거나 체벌해도 되는 권리를 부여하고 교사의 권위에 정당성을 부여하지 않았습니다. 체벌을 하는 어른은 체벌의 정당성에 대해 스스로에게 물어야 합니다.

학생 그런데, 예전에는 교육적 체벌이 당연시 되던 시절도 있었다고 들었습니다. 어느 정도 교육적 효과가 있어서가 아니었을까요?

교사 그렇지 않아요. 예전에도 체벌은 문제가 있는 훈육 방식이라는 지적들이 많았습니다. 비판의 목소리가 많았어요. 대표적인 인물이 네덜란드의 인문학자인 에라스무스입니다. 그는 체벌을 부정했어요. 훈육을 구실로 이루어지는 체벌은 구실일 뿐 훈육에 그 어떤 긍정적 효과도 없다는 것이 그의 생각이었습니다. 체벌은 오히려 아이들을 교사로부터 멀어지게 하고, 결국 교육 그 자체에 대해 부정적 감정만 키울 뿐이라는 거지요.

학생 그런데 체벌이 필요하다고 생각하는 사람들도 많은 것으로 알고 있어요. 실제로 과거 우리의 교육 현실이기도 했고요. 그런데 체벌을 부정한 에라스무스가 제시한 특별한 교육 방법이라도 있나요?

교사 네, 에라스무스는 체벌보다 칭찬을 권장했어요. 에라스무스는 칭찬이 처벌보다 더 좋은 교육 방법이라고 생각했습니다. 아이들을 가르칠 책임을 진 사람이라면 사랑을 통해서 영향을 주어야지 체벌은 있을 수 없는 일이라는 거지요. 체벌은 소외로 이어지기 쉽습니다. 학교로부터 그리고 교사로부터 아이는 점점 멀어지게 되지요. 체벌은 교육에 염증을 느끼게 하고, 교육과 멀어지게 만들고, 흥미를 잃게 하지만, 칭찬은 아이들이 교사를 존중하게 하고 즐거운 마음으로 배우게 하고, 결국 학습에 흥미를 갖게 만드는 일이라는 것이 그의 생각입니다. 이렇게 되면 아이들의 능력은 향상되고 교사들의 교육 활동도 덜 지루하게 될 것이라고 말합니다.

학생 제 경험으로도 그런 것 같아요. 칭찬을 들으면 더 열심히 공부하게 되고, 그 선생님이 좋아지고 그 선생님 시간이 기다려지곤 해요.

교사 그럼요. 칭찬은 사람을 끌어당기는 묘한 힘이 있어요. 공부가 쉽고 즐거운 사람이 얼마나 있겠어요. 공부를 정말 좋아해서 자발적으로 원해서 하는 이들이 얼마나 될까요. 대부분 어려워하고 힘겨워하지요. 억지로 하는 경우도 많고요. 이처럼 공부는 어렵고 힘든 일입니다. 대부분의 아이들이 어쩔 수 없이 교육의 장으로 떠밀리다시피 들어서게 되는 것이 현실이지요. 교육 자체가 아이들에게는 삶에서 만나는 큰 역경이고 어려움일 수밖에 없어요. 이러한 역경을 극복하고 이기는 힘은 주변 사람들의 따뜻한 격려와 사랑입니다. 사랑만이 이들 앞에 놓인 교육이라는 큰 역경을 이겨나가게 합니다. 이것이 체벌이 아닌 사랑과 관심이 필요한 이유입니다.

학생 정말 그런 것 같아요. 성적이 좀 낮아도 부모님이 힘내라고 격려해 주시면 죄송한 마음이 들기도 하고 더 열심히 해야겠다는 생각이 들지만, 무조건 야단을 치시면 모든 것을 포기하게 되고 책은 꼴도 보기 싫어져요.

교사 그렇지요. 칭찬보다 좋은 가르침은 없다는 생각이 들어요. 그러고 보면 체벌은 교육의 목적을 성취할 수 없을 뿐 아니라, 오히려 많은 학생들을 교육으로부터 멀어지게 만들 뿐이에요. 교사라는 사람에게는 관심을 거두고 공부와는 담장을 높게 쌓을 겁니다.

학생 아이들이 학교를 거부하고 공부를 멀리하는 것은 사랑보다 체벌을 앞세우는 어른들 때문이라는 생각도 드네요.

교사 옳은 지적입니다. 〈카쉬미르의 소녀〉라는 영화가 있어요. 엄마를 잃은 카쉬미르 소녀의 이야기입니다. 소녀는 언어 장애인이에요. 벼랑 끝에 매달리는 고통 속에서도, 멀어져가는 엄마를 보면서도 비명조차 지르지 못해요. 그러던 소녀가 처음으로 말을 하게 됩니다. 기적을 만든 것은 공포나 두려움이 아니에요. 조건 없는 사랑과 그 사랑에 대한 감사예요.

학생 사랑이 기적을 낳은 거네요.

교사 맞아요. 교육은 잠재된 힘을 끌어내는 일이에요. 언어 장애가 있었던 그 소녀도 말을 할 수 있는 힘은 있었던 거죠. 다만 그 힘을 자라게 할 사랑이 없었던 겁니다. 능력을 성장시키는데 사랑보다 좋은 방법은 없어요. 교육을 행하는 이들이 갖추어야 할 필수 덕목인 겁니다. 체벌이 문제일 수밖에 없는 이유지요. 체벌은 사랑의 부재에서 나타나는 현상이니까요. 사랑을 베풀 줄 모르는 교사는 무능한 겁니다. 그러니까 체벌은 무능한 교사의 징표인 거지요. 스스로 자신의 무능을 만천하에 공개하는 일이에요. 아이들을 때리고 위협하고 큰소리로 야단치는 것은 비교육적이고 비인간적인 행위입니다. 인품도, 자질도 부족하고, 수준도 낮은 교사가 행하는 부족한 행태인 겁니다. 교사라고 보기 어렵죠.

학생 맞아요. 체벌은 정말 비인간적 행위예요. 신체적 고통은 물론 심리적으로도 위축되게 합니다. 모든 일에 의욕도 없어져요. 몸도 마음도 축 처지게 마련입니다.

교사 그렇습니다. 체벌은 육체적, 정신적인 모든 작용을 순식간에 잠재우는 무서운 일입니다. 이런 상태에서 교육이 정상적으로 이루어지길 기대할 수는 없는 일이지요. 교육적 성취는 아이들이 교사를 사랑하고 존경할 때 가능합니다. 아이들 스스로 학습을 좋아하고 중요하게 여길 때 교육은 목적을 성취할 수 있습니다. 교사의 비난을 두려워하고 위협을 느끼는 환경 속에서 교육적 성취가 이루어질 수는 없지요. 아이들이 칭찬을 들어 좋아하고 주변 사람들을 든든한 후원자로 여길 때 배움도 가르침도 가능하고 결과 또한 의미가 있습니다.

학생 이처럼 체벌에 대한 부작용이 많이 있음에도 불구하고 여전히 교육적 의미의 체벌을 이야기하는 경우가 있습니다. 체벌에 대한 다른 의견은 없는지요?

교사 네, 체벌에 대한 교육적 관심은 매우 높습니다. 앞에서 말씀드린 에라스무스뿐만 아니라 많은 사상가들이 체벌에 대해 이야기했습니다. 프랑스의 사상가 몽테뉴Montaigne, 1533~1592도 그 중한 사람입니다. 몽테뉴는 교사가 폭력과 힘을 사용하면 학생은 학습에 대한 의욕을 상실하게 된다고 주장했습니다. 학습에 대한 의욕을 끌어올리기 위한 시도가 오히려 역효과를 가져온다는 것입니다. 체벌을 반대한 또 다른 인물로는 로마 시대를 통틀어 가장 훌륭한 교육자라는 평을 듣는 쿠인틸리아누스Quintilianus, 35?~96?를 들 수 있습니다. 그는 체벌 금지론을 펼치며 학교의 질은 교사의 인격과 심리적 통찰 능력에 의해 결정된다고 믿었지요. 교사는 인격자여야 하고 학자여야 한다는 것이 그의 생각이었던 겁니다. 그러므로 교사에 의한 체벌은 상상도 할 수 없는 일이었습니다. 그는 체벌과 같이 육체적으로 억압을 주는 방법은 교육적으로 도움이 되지 않는다고 생각했어요. 체벌은 품위를 손상시키는 일이고 치욕적이고 비효과적이라는 것입니다. 그리고 그는 아이들 관리를 잘 못한 교사에 의해 행해지는 것이 체벌이라는 생각을 갖고 있었습니다. 즉 체벌을 사용하는 것은 교육자에게 결함이 있다는 증거라는 것입니다. 다시 말하면 질이 낮은 교사일수록 체벌을 즐긴다는 겁니다. 그에게 체벌은 불쾌하고 모욕적인 것이었고, 결코 인간적이지도 교육적이지도 못한 행위였기에 금할 것을 강력히 권고했습니다.

학생 쿠인틸리아누스는 체벌을 정말 싫어했다는 것이 느껴지네요. 그리고 질이 낮은 교사일수록 체벌을 즐긴다는 생각이 마음에

남네요.

교사 그렇지요. 체벌에 대한 쿠인틸리아누스의 이야기를 조금 더 해 볼까요? 그는 체벌을 당하는 아이들은 회초리의 고통이나 공포로부터 점차 열등감, 공포, 정신적 불안에 빠지게 된다고 말합니다. 체벌은 공포를 일으키고 그 공포의 바람은 그 아이에게서 그치지 않고 온 교실을 휘젓게 된다는 거지요. 모든 아이들이 체벌의 공포에 떠는 것은 당연한 일이 될 테고요. 한 아이에게 행해지는 체벌은 모든 아이들의 가슴을 헤집고, 모든 아이들의 가슴에 시퍼런 멍 자국을 남기게 될 것이고, 그 상처는 아이들의 일생을 멍들게 할 겁니다.

학생 체벌이 얼마나 위험한 것인지 알 것 같습니다. 정말 어떤 경우에도 체벌을 해서는 안 될 것 같아요.

교사 그럼요. 앞에서도 잠깐 언급했듯이 체벌은 교사 스스로 자신의 무지와 무능력을 드러내는 행위입니다. 그리고 체벌은 교사가 자신의 교육 행위나 교육 논리의 정당성을 잃을 때 그 정당성을 확보하기 위해 사용하기도 합니다. 그것은 교사로서의 자질 부족을 스스로 인정하는 것이지요. 모든 아이들 앞에서 스스로 교사로서의 능력이 없음을 고백하는 일인 겁니다. 교육은 신神의

일을 인간이 대행하는 것이라고 생각해요. 그만큼 교육은 신성한 일이라는 의미입니다. 교육은 삶의 길을 제시하고 삶의 가치를 더해가며, 고통과 아픔을 달래주고, 즐거움과 행복으로 안내하는 것이라는 점에서 그렇습니다. 교육은 인간에 대한 신의 역할과 많이 닮았습니다. 교육에는 삶의 길이 들어 있어요. 행복과 기쁨이 사랑과 관용이 그리고 용기와 절제와 배려와 용서가 지혜와 정의가 들어 있습니다. 이처럼 교육에는 인간이 지녀야 할 그리고 베풀어야 할 삶의 모든 법칙들이 들어 있습니다. 교육은 인간의 숨결이 들어 있는 제도 중 가장 훌륭한 제도입니다. 교육은 삶을 건강하고 좋게 만들기 위한 제도인 거지요. 따라서 교육은 유쾌하고 즐거워야 합니다. 어떤 경우라도 아이들을 슬프고 고통스럽게 해서는 안 됩니다. 몸과 마음에 상처를 입힌다는 것은 상상할 수 없는, 결코 있어서는 안 될 일입니다. 체벌을 교육을 위한 수단으로 받아들일 수 없는 이유이지요. 체벌은 교육을 위태롭게 하고 결국 파괴합니다. 따라서 체벌은 그 어떤 이유로든 합리화하거나 정당화할 수 없습니다. 그 누구에게도 체벌할 권한은 없는 겁니다.

학생 맞고 마음 아파하던 친구들의 모습이 생각납니다. 정말 괴로워했는데 체벌에 대한 사상가들의 견해가 널리 전해졌으면 좋겠습니다. 그리고 어른들도 공감했으면 좋겠어요.

교사 그렇지요. 체벌에 의한 교육의 폐해는 단지 특정 개인의 아픔으로 그치지 않는다는 데 문제의 심각성이 있습니다. 체벌로 인한 아픔과 두려움은 보고, 들은 모두에게로 번집니다. 더 무서운 것은 아이들이 체벌이나 폭력을 자연스러운 교육의 한 행태로 받아들일 수 있다는 점입니다. 체벌에 대한 사상가들의 생각은 한 시대만을 위한 생각도, 한 시대에만 타당한 사상도 아닙니다. 시대를 초월하고 지역을 넘어 가치를 지닙니다. 이들의 사상은 아이들이 폭력에 길들여지지 않도록 보호해 줄 수 있는 깨어있는 힘이라는 점에서 의미가 큽니다.

학생 네, 잘 들었습니다. 정말 체벌은 현시대와는 거리가 먼 부끄러운 구시대의 유물로 남기를 바랍니다.

교사 네, 그렇습니다. 아이들에게 보이고, 들려지는 모든 행위는 그대로 교육입니다. 아이들의 몸이 되고 정신이 됩니다. 체벌 역시 아이들의 몸과 마음을 형성하는 교육적 재료가 된다는 사실을 기억해야 합니다. 체벌을 통해 성장한 아이는 체벌이 몸에 배이고 익숙해져요. 아이는 자신도 모르게 폭력이 삶의 한 방편이 되는 거죠. 폭력을 보여주고, 들려주고, 체험하게 하는 것은 사람을 만드는 것은 고사하고 사람을 망가뜨리는 파렴치한 행위입니다.

학생 체벌은 결국 폭력을 가르치는 일이네요.

교사 맞아요. 체벌은 아이를 폭력의 도구로 만드는 일이에요.

학생 폭력의 도구요?

교사 그럼요. 체벌은 학생의 마음에 분노와 증오심을 심는 일이거든요. 마음속에 심겨진 증오와 분노 그리고 이기적 씨앗은 거칠고 날카로운 싹을 틔우고 결국 폭력이라는 열매를 맺게 되거든요.

학생 체벌은 정말 위험한 일이군요. 체벌은 교단에서 영원히 사라져야 한다는 생각이 듭니다.

교사 그럼요. 사실 아이가 바르게 성장하는 것을 돕고, 아이의 삶에 좋은 영향을 미치려는 마음이 있다면 아이에게 따뜻한 지지를 받아야 해요. 체벌은 영향력을 떨어뜨립니다. 아이와의 사이에 온화한 관계형성이 어렵기 때문에 그래요. 어른들은 매를 거두고 아이들에게 따뜻하고 두터운 지지를 받고 있는지 돌아볼 일입니다.

학교가 내세우는 구호口號는 희망을 주는가

구호는 아이들이 따라 다니는 열매다

교사 학교마다 교육 문구들이 난무합니다. 교문은 물론 현관 그리고 복도 등 틈이 있는 공간이면 어김없이 어떤 아이를 만들겠다는 다짐들이 붙어 있습니다. 이런 능력을 갖춘 아이를 만들기 위해 이런 교육을 하겠다는 어른들의 다짐입니다. 구호도 많고 신념도 다양해요. 구호만 보면 정말 다양한 아이들이 만들어질 것만 같습니다.

학생 말씀을 듣고 보니 그러네요. 정말 많은 구호들이 붙어 있어요. 그런데 곳곳에 걸려 있는 구호들이 아이들과 어떤 관계가 있는지는 생각해 보지 않았네요.

교사 그렇지요. 대부분 별로 관심을 두지 않지요. 의미를 생각한다는 것은 더욱 먼 이야기고요. 이번 기회에 한번 생각해 보죠. 구호는 곧 아이의 모습입니다. '진취적이고 창의적인 미래 인재 육성, 창조적 지성인 육성, 자유인 육성' 등 셀 수 없이 많은 구호들이 있습니다. 구호는 어른이 만들고 싶은 아이의 미래 모습인 거예요. 되었으면 하고 바라는 아이들의 모습을 글로 만들어 놓은 것이 구호거든요.

학생 결국 구호로 내건 아이의 모습은 아이들이 만들어야 할 '정답 인물'인 셈이네요. 구호와 거리가 먼 아이는 '오답 인물'인 거고요. 구호가 갑자기 부담으로 다가오는 걸요. 그런 능력을 갖추지 못하면 미래는 암울해지는 것 아닌가 하는 염려도 되고요. 그런데 아이의 미래는 아이 스스로 만들어가야 하는 것이 아닌가요? 어른이 일방적으로 내세운 구호는 아이의 미래를 어른이 독단적으로 정하고 그러한 아이가 되라고 억지로 권하는 것처럼 느껴져요. 어떻게 수많은 아이가 펼쳐갈 삶의 모습을 어른이 일방적으로 규정할 수 있어요.

교사 충분히 이해해요. 교육은 억지가 아니니까요. 그리고 아무리 훌륭한 구호라도 주인공이 외면하면 이룰 수 없는 일입니다. 공론의 과정도 없이 일방적으로 밀어붙이는 주장은 비교육적일 뿐 아니라, 누군가에게 상처를 주는 비인간적인 일이에요. 그래서 아이를 위한다면 아이들에게 그들의 미래를 물어야 합니다. 그리고 스스로 자신의 미래를 그려보게 해야 합니다. 어른은 다만 그들이 그린 미래를 만들 수 있도록 돕는 겁니다. 그 선을 넘어서면 아이의 꿈은 어른의 꿈으로 변질되고 말아요. 어른이 일방적으로 만들어 놓은 구호는 어른이 꿈꾸는 아이일 뿐입니다. 그 속에 정작 아이는 없어요. 높이 걸어놓은 그 다짐이 어른만의 생각으로 만들어진 어른만의 다짐이라면 문제입니다. 아이의 미래에 정작 아이가 없다면 결코 아이의 삶을 위한 구호라고 보기 어렵지요. 아이의 동의도, 아이의 바람도, 아이의 마음도, 아이의 뜻도 없이 오직 어른의 뜻만을 적어 놓은 구호라면 그 구호는 아무런 힘도 발휘할 수 없습니다. 아이의 마음을 울릴 수도, 아이의 꿈을 자극할 수도 없는 공허한 외침일 뿐입니다.

학생 아이의 꿈을 자극하지 못하는 구호는 의미가 적다는 말씀이군요.

교사 물론입니다. 구호는 자극이에요. 아이의 꿈이 꿈틀대고, 능력이 힘을 얻고, 움츠렸던 가슴을 열어젖혀야 하는 겁니다. 앞으로 펼쳐질 자신의 모습임을 믿고 뛸 수 있는 자극이어야 합니다. 자극 없는 구호는 아이의 삶과는 상관없는 장식일 뿐입니다. 장식적인 구호는 어떤 교육적 의미도 전해주지 못합니다. 공허한 수사와 겉모습만 번지르르한 말들의 잔치이고 언어의 유희일 뿐입니다. 단지 말의 차원만이 아니라 그에 걸맞은 내용이 확보되어야 하는 거지요.

학생 그런데 왜 아이의 꿈을 자극하지 못하는 걸까요?

교사 일단 너무 어려워요. 학교가 내세우고 있는 교육 구호를 보면 이해하기 어려운 내용들이 참 많아요. 마치 특정인들끼리만 알 수 있도록 적어놓은 암어暗語 같다는 느낌마저 받습니다. 도대체 무슨 말인지 이해하기가 어렵습니다. 뜻 모를 말들이 마음을 움직일 수는 없는 일이지요. 또 하나는 아이들이 처한 현실과 너무 동떨어져 있다는 느낌입니다. '이 말이 도대체 누구를 위한 무슨 말이지?'라는 의문을 갖기에 충분한 이야기들이 즐비합니다. 아이들 입장에서는 자신들과는 상관없는 다른 누군가를 위한 그들만의 말들처럼 들리는 거지요. 지나치게 추상적이고 관념적인 단어들 앞에서 아이들은 눈을 감고 마음을 닫게 되는 겁니다. 마음에 담고 생각할 가치도 의미도 없으니까요.

학생 그러면 어떤 말들이 필요할까요?

교사 말은 듣는 이를 위한 겁니다. 그러므로 듣는 이의 입장에서 해야 하는 거지요. 말하는 이의 입장만을 내세울 때 말은 가치를 잃게 됩니다. 구호는 내세운 이의 것이 아닙니다. 보고 듣는 이의 몫입니다. 교육 구호는 아이를 위한 말이기에 아이들의 마음에 담을 수 있어야 합니다. 아이들 마음에 부담을 주고 짐이 되는 말은 아이를 지치게 할 뿐입니다. 따라서 아이들이 처한 상황을 살펴서 그들이 걷고자 하는 길을 돕고, 그들 앞을 가로막고 있는 장애를 제거하고, 그들의 걸음을 격려하고, 그들이 걷는 길에 동행하고, 기쁨도 슬픔도 고통도 함께하겠다는 말들로 다가서야 합니다. 구호에서 희망을 보아야 합니다. 아름다운 자신의 미래를 만날 수 있어야 하는 겁니다. 용기를 얻고, 잃었던 자신감을 되찾을 수 있어야 하는 거지요. 아이 앞에 펼쳐진 구호는 용기고 희망이고 자신감이고 의지여야 하는 겁니다. 이것은 이렇게 하고, 저것은 저렇게 해라가 아니고 이런 일은 이렇게 돕고, 저런 일은 저렇게 돕겠다는 선언이어야 합니다. 이런 사람이 되어야 하고 저런 사람이 되어야 한다가 아니라, 네가 되고 싶은 사람이 되도록 이런 혹은 저런 도움을 주겠노라는 약속이 담겨야 합니다. 지니고 있는 능력이 무엇이든 마음껏 펼칠 수 있는 장을 만들어 주겠노라고 약속해야 합니다. 원하는 것을 숨기지 말고 언제든 펼칠 수 있도록 돕겠다는 약속이어야 하는 겁니다. 시키고 명하는 것이 아니라 무엇을 어떻게 돕겠다는 다짐이 담겨야 하는 거지요. '너를 반드시 이런 아이로 만들겠다.'라는 일방적이고 고압적인 자세는 아이를 주눅 들게 합니다. 어른으로부터 멀어지게 만들 뿐입니다. 어른이 내세우는 구호는 아이를 위한 어른의 약속이어야 합니다. '이렇게 해라'가 아니라 '이렇게 하겠다'라는 약속입니다. '어떤 존재가 되어라'가 아니라 '어떤 존재를 꿈꾸든 도와주겠다'라는 약속인 겁니다. 물론 약속은 아이의 동의하에서만 의미를 갖는 다는 것을 잊어서는 안 됩니다.

학생 그런데 학교가 내세운 구호만 보면 도대체 어떤 교육을 어떻게 해서 어떤 아이들을 길러내겠다는 것인지 이해가 쉽지 않아요.

교사 네, 맞아요. 이해하기 쉽지 않아요. 이해하기 어려운 구호는 실천도 어렵습니다. 뜻 모를 이야기를 무슨 수로 행할 수 있겠어요. 그래서 구호를 내세우려거든 이해할 수 있는 구호를 내세우라고 하는 겁니다. 그것도 아이들 입장에서 말입니다. 의미도 분명치 않은 어른 중심의 구호는 구호로 그칠 가능성이 높습니다. 구호로만 그친다면 거짓 교육이 되는 겁니다. 그것도 공개적으로 하는 공적인 거짓말이 되는 거지요. 내세우는 것은 어려운 일이 아닙니다. 실천이 중요한 겁니다. 따라서 실천할 수 없는 구호는 거두어 들여야 합니다. 구호는 교사를 그리고 학교를 꾸미는 장식이 아닙니다. 화려한 미사여구가 필요한 것이 아닙니다. 내용과 실천 가능성 그리고 학생에게 미칠 영향력과 지금이 아닌 아이의 미래의 삶을 이끌어갈 에너지로서의 가치 등을 고려해야 합니다. 지금 당장 보기 좋고 듣기 좋은 말들로 꾸며진 구호는 교육적 가치가 없습니다. 아이를 위한 솔직한 약속의 구호여야 합니다. 언론인이며 소설가인 이병주1921~1992가 그의 소설《행복어 사전》에서, 행복을 만들어내야 한다는 구호 아래, 전체를 노예로 만들고, 그 노예들에게 주인이라는 명패만 달아주는 사술詐術을 이야기했듯, 학교에서 아이들의 행복을 보장한다는 구호 아래 아이를 노예로 만들고, 말 못하는 아이로 만들고, 손발을 묶어두는 교육을 한다면, 노예에게 주인이라는 명패만 달아주는 꼴이 되는 겁니다. 아이의 행복한 미래를 보장한다는 구호 아래 아이의 손발을 묶어서는 안 됩니다. 아이의 입을 막고 눈을 가려서도 안 됩니다. 아이들이 자신의 손발로 자신의 눈과 귀로 당당히 주인으로서의 삶을 살아갈 수 있도록 돕는 구호여야 합니다. 학교 구석구석을 감싸고 있는 갖가지 구호는, 명패만 단 주인이 아닌 진정한 주인으로서의 삶을 살아갈 수 있도록 돕겠다는 아이를 향한 약속이어야 합니다. 어른들의 신념에 아이들의 미래가 달려 있음을 명심해야 합니다.

교사의 손은 악하지 않은가

선생의 위대함은 가슴에 달린 이름표가 결정하는 것이 아니다

교사 인간의 자연적 본성을 따르는 교육을 강조했던 루소Rousseau, 1712~1778는 인간적 권위의 속박에서 벗어남과 동시에 인위적 사회의 질곡에서도 해방될 수 있는 교육을 원하였습니다. 타고난 선한 성향이 악해질까 두려워서이지요. 그는 아이들을 착하고 자유롭고 행복하게 창조된 존재로 봅니다. 그래서 아이들의 생득적 자연성이 사회로부터 상처받을까 염려합니다.

학생 사회가 아이들에게 상처를 준다는 말이 어떤 의미인지요?

교사 타고난 성격이나 성품에 해를 입힌다는 말입니다. 루소에게 사회는 악이에요. 언제든 아이들의 선을 훼손할 수 있다고 생각했습니다. 사회는 아이들을 악하고 부자유스럽고 비참하게 만들 수 있다고 보았던 거지요. 루소가 볼 때 사회는 거세게 몰아치는 바람이고, 아이는 거센 바람 앞에 놓여 있는 연약한 촛불이었던

겁니다. 아이들의 아름다운 천성은 늘 위태로울 수밖에 없었던 거고요.

학생 루소가 사회로부터 해방될 수 있는 교육을 이야기한 이유를 알 것 같아요.

교사 그렇지요. 루소의 사상 속에서 해답을 찾을 수 있습니다. 루소가 생각한 교육은 아이들의 천성을 계발하고 신장시키는 것이었으니까요. 아이의 성선을 지켜주고 성선이 신장되도록 하는 것도 루소의 교육 철학입니다. 아이의 잠재능력과 개성을 계발하는 것도 교육의 몫이고요. 그에게 교육은 아이를 그 무엇을 위한 도구로 만드는 것이 아니라, 순수하게 아이의 성장과 삶을 위한 활동이어야 합니다. 루소가 사회를 악으로 규정한 것도 사회를 중심으로 행해지는 아이에 대한 가치 평가가 아이 천성의 자연스러운 성장을 방해하기 때문입니다. 뿐만 아니라 아이의 천성이 사회가 요구하고 바라는 방향과 방식으로 재단되고 변형되고 변질되어 결국 아이의 천성이 훼손되는 것을 염려해서입니다. 루소가 말하는 교육은 사회가 아니라 아이 각자의 행복한 삶을 위한 활동인 겁니다. 교사는 교육을 돕고 아이의 행복을 돕는 존재인 거고요.

학생 교육의 막중한 기능과 역할에 대한 말씀을 들으면서 많은 사상가들이 교육에 관심을 기울인 이유를 알 것 같아요.

교사 그렇지요. 교육은 엄청난 힘입니다. 루소가 교육에 관심을 기울인 이유도 여기에 있어요. 루소가 생각하는 교육을 좀 더 알아보겠습니다. 그는 외부로부터 주어지는 인위적 힘을 최소화시킬 것을 권합니다. 인위적인 영향력을 행사하지 않는 것이 가장 바람직한 교육이라는 의미입니다. 아이들의 자연성이 자연스럽게 성장할 수 있도록 돕는 것이 최선의 교육이라는 것이지요. 그리고 성장한 자연성이 더욱 큰 힘을 발휘할 수 있도록 돕는 것 또한 교육의 몫입니다.

학생 그러면 교사의 역할은 무엇인지요?

교사 루소의 입장에서 좋은 교사는 아이들의 자연적 능력이 성장하는데 방해되는 요소를 제거하는 역할을 하는 겁니다. 그리고 사회의 악한 영향으로부터 아이들을 보호하는 것도 교사에게 주어진 중요한 책무입니다.

학생 가르치는 일이 단순하지 않네요.

교사 그렇지요. 가르침은 아이들의 자연성을 관찰하는 일부터 출발합니다. 아이의 자연성을 무시하고 도외시한 채 인위적인 힘만을 가하는 것은 아이의 자연성을 훼손하는 것일 뿐 아니라 아이의 삶에 대한 횡포입니다. 그것이 루소가 염려한 악영향이기도 하고요. 루소의 생각을 토대로 교사는 늘 스스로를 돌아 볼 필요가 있습니다. '교사 자신이 나쁜 영향을 미치고 있지는 않는가? 아이들의 자연성 성장에 걸림돌은 아닌가? 아이들을 위한다는 미명하에 아이들의 자연성을 옭아매고 있지는 않는가? 삶의 공간을 제약하고 있지는 않는가?' 하고 말입니다.

개성은
존중하는가

자신 외에는 그 누구도 될 필요가 없다.
본래의 자기로 존재하는 것이 더 아름답다

교사 개성은 다른 사람이나 개체와 구별되는 자신만의 특성을 말합니다. 교육과 개성은 밀접한 관계를 갖습니다. 교육은 개인이 지닌 개성을 찾아 계발하는 것이거든요. 개성 신장이 교육의 주된 역할입니다.

학생 개성의 가치는 누구나 같나요?

교사 중요한 지적입니다. 교육은 개성을 차별하지 않습니다. 모든 개성을 교육의 대상으로 합니다. 그래서 개성을 존중하는 것으로부터 교육은 시작됩니다. 모든 아이들의 개성은 인정되고 허용되어야 합니다. 중국 고대 도가 사상가인 장자莊子, 기원전 369~289는 '물오리는 비록 다리가 짧지만 길게 이어주면 걱정하게 될 것이고, 학의 다리는 비록 길지만 그것을 짧게 잘라주면 슬퍼할 것이다.'라고 말하면서 개성을 해치는 것을 경계했습니다. 개성을 인정하는 것은 인간을 인정하는 것입니다. 개성을 인정하지 않는 것은 인간을 부정하는 것이고요. 특정의 개성만을 인정하고 허용하는 것은 인간을 차별하는 것과 같아요. 이것은 비교육이고 비인간적 처사입니다.

학생 개성을 존중하는 교육은 어떤 것인지요?

교사 네, 개성 존중과 관련해서 생각할 수 있는 교육은 소극 교육입니다. 소극 교육은 아이들의 보호를 우선하는 교육이에요. 어른들의 말이나 기교 그리고 힘이 소극적으로 작용하는 교육을 말합니다. 어른이 적극적으로 다가서지 않는 것은 어른이나 어른의 힘으로 형성된 사회는 악하고, 그릇된 정신이 만연되어 있다는 생각 때문입니다. 따라서 아이의 마음을 악이나 그릇된 정신에 오염되지 않도록 보호할 교육이 필요하다고 생각하는 겁니다.

학생 어른의 힘이 적극적으로 작용하는 일반적인 교육의 모습과는 많이 다른 모습이네요.

교사 그럼요. 소극 교육은 어른의 힘보다 자연의 섭리가 적극적으로 작용하도록 하는 교육이에요. 이는 어떤 면에서 사실의 교육이요, 필요의 교육입니다. 어른의 감각기관을 거친 사실은 오염되거나 왜곡될 가능성이 있기 때문에 사실과의 직접적 접촉을 장려합니다. 그리고 아이들이 느낀 필요를 충족시켜 주는 일이어야 한다는 겁니다. 아이에게는 어떤 지시나 명령도 해서는 안 됩니다. 어른들이 권위를 내세워서도 안 되고요. 어른의 힘은 아이들의 자연성이 성장하는 데 장애가 되기 때문입니다.

학생 소극 교육은 사회를 어떻게 바라보는가와 밀접한 관련이 있겠네요.

교사 맞아요. 소극 교육은 프랑스 교육 사상가인 루소가 내세운 교육인데요. 그가 소극 교육을 앞세운 이유는 당시의 타락한 사회를 고려한 조치입니다. 준비 없이 오염된 사회와 접촉하는 것은 위험한 일이라는 생각을 했던 겁니다. 사회와 접촉하기 위한 충분한 준비 과정이 필요하다는 거지요. 기성인들의 인위적인 힘에 의해서도 오염되거나 변질되지 않고, 자연 그대로의 자연성을 지켜갈 수 있는 힘을 길러줄 필요가 있다고 판단했을 겁니다.

학생 루소의 눈에 비친 우리 아이들은 어떤 모습일까요?

교사 네, 그래요. 루소의 시각으로 우리의 교육을 바라볼 필요가 있어요. 어른들의 손아귀에서 꼼짝달싹도 못하는 아이들의 모습을 보면 아연실색할지도 모를 일입니다. 우리 아이들은 어른들에 의해 어른들의 삶을 살아가고 있는지도 모릅니다. 어른들이 만들어 놓은 삶의 터전에서 어른의 삶의 흔적을 배우고, 어른의 가치관에 박수치면서 어른의 웃음과 슬픔에 함께 웃고 울면서 어른을 배우는 것은 아닌지 몰라요.

학생 그런데 어른을 닮아가는 삶이 칭찬받는 삶 아닌가요?

교사 '누구처럼' 된다는 것이 바람직한 것은 아닙니다. 누구처럼 되려는 아이는 자신을 드러내지 못하게 됩니다. 자신의 꿈도, 이상도, 가치관도 마음 놓고 말할 수 없게 돼요. 닮고자 하는 대상의 눈치를 보아야 하거든요. 그들의 입맛에 맞는지 따져보아야 합니다. 그들의 마음에 들지 않으면 졸지에 비웃음거리가 되고 자신들의 꿈과 이상은 영원히 감금당하게 마련입니다. 닮고자 하는 대상이 인정하는 꿈만 꿈인 겁니다. 어른들의 가치관에 상응한 가치관만 가치관으로서 의미를 지닙니다. 오직 어른의 생각이나 삶의 기준이 아이가 따라야 할 생각이고 삶이 되는 거지요. 어른이 특정인의 삶을 모델로 지정해서 닮기를 요구하는 것은 횡포요, 폭력입니다. 루소는 이런 위협적 사회로부터 아이들을 보호해야 한다고 말합니다. 어른들의 말이나 생각으로 아이들의 말과 생각을 규정하지 말라는 것이지요. 아이들의 생각을 어른들의 생각의 틀 안으로 집어넣지 말라는 겁니다. 어른이 지시나 명령이나 권위를 내세우면 아이들의 자연성이 훼손된다는 것이 루소의 생각입니다.

학생 아이의 웃음과 슬픔, 아이가 걷는 길과 걸음에 어른들의 잣대를 들이대서 옳고 그름을 따지지 말라는 말씀이군요.

교사 그렇습니다. 아이의 삶에 어른이 개입하면 아이는 정작 자기 자신과 거리가 멀어져요. 아이들이 먼저 자신을 찾고 자신과 충분히 만날 수 있도록 기회를 주어야 합니다. 아이가 자신과 만나고, 자신의 삶을 계획할 수 있도록 기다려야 합니다. 아이가 자신을 만나기도 전에 어른이 먼저 어른과 만날 것을 요구해서는 안 됩니다. 어른과의 만남은 어른이 세워놓은 삶의 세계를 배우고 따르도록 요구하는 일입니다. 저항할 수 없는 강력한 힘을 바탕으로 아이의 삶을 어른의 의도대로 몰고 가는 일이기도 합니다.

학생 그러면 어른이 해야 할 일이 무엇인지요.

교사 아이에게 직접적인 영향을 미치는 부모나 교사는 아이들이 아이들 자신과 만나고, 자신과의 대화를 통해 자신의 존재를 인식할 수 있도록 환경을 조성해 주어야 합니다. 아이들에게 스스로 자신의 존재를 깨달을 수 있는 기회를 주어야 한다는 겁니다. 그리고 아이가 인식하고 깨달은 자신을 위한 삶을 스스로 살아갈 수 있는 토양을 만들어주고, 그들의 삶에 장애 요인을 제거해 주고 격려해 주어야 해요. 무조건 어른들의 생각과 가치관을 따르도록 강요하는 것은 결코 어른의 도리가 아닙니다. 어른의 요구를 강제하는 것은 아이의 삶을 없애고 그 자리에 어른의 삶을 심는 일입니다. 이것은 아이의 삶을 통해 어른의 삶을 이어가겠다는 천박한 의도예요. 아이들의 삶은 아이들에게 돌려주어야 합니다. 아이의 삶은 아이의 것이고, 그 누구도 간섭하거나 개입할 수 없는 신성한 그들만의 영역이어야 합니다.

학생 그런데 어른들은 어른의 요구를 내세우고 따르도록 하는 것을 아이의 삶을 돕는 일로 여기고 있는 것 같아요. 그래서 어른의 요구를 따르지 않으면 잘못된 길을 걷는 것으로 생각하는 것이 아닌가 합니다. 아이도 어른의 요구를 듣고 따르는 것을 옳은 방법으로 알고 있고요. 어른의 요구를 따르지 않을 때에는 벌罰에 대한 두려움도 안게 됩니다.

교사 네, 그래요. 아이가 따르지 않으면 어른은 자신의 요구에 대한 저항으로 여기는 경향이 있지요. 그것이 아이에게 벌을 주는 이유이기도 하고요. 루소는 아이에 대한 징벌 또한 부정해요. 어른들은 자신의 요구나 생각을 정답으로 생각하는 특성이 있어요. 그래서 요구를 받아들이지 않는 것을 마치 정답이 아닌 오답의 삶을 살려는 것으로 생각하는 겁니다. 그래서 아이에게 폭력을 행사하면서도 폭력이라는 인식을 하지 못합니다. 폭력을 잘못된 길을 걷는 아이를 옳은 길로 인도하는 정당한 행위로 생각하니까요.

학생 맞아요. 어른들은 아이의 삶을 인정하지 않는 것 같아요.

교사 네, 그런 경향이 있어요. 그래서 어른은 끊임없이 무언가 새로운 요구를 쏟아내는 겁니다. 아이의 삶을 인정하고 허용한다면 어른이 요구할 것이 그다지 많지 않겠지요. 아이의 삶을 인정하지 않고 내세우는 어른의 일방적 요구는 요구 자체만으로도 위협이고 폭력일 수 있어요. 아이의 삶에 도움이 되지 않을 뿐 아니라, 아이의 삶을 부인하는 것이니까요. 일방적 요구는 인간관계를 어지럽힙니다.

학생 부모나 교사 그 누구라도 아이에게 자신들의 요구를 일방적으로 강요해서는 안 된다는 말씀이지요?

교사 그럼요. 아이들은 어른들의 욕구를 충족시키기 위한 도구가 아니에요. 아이들은 어른들의 소유물일 수 없습니다. 아이들은 그 어떤 존재로부터도 구속될 이유가 없는, 자신들의 삶을 독립적으로 살아가야 할 독립적 자유인이에요. 어른은 아이의 자유를 훼손하거나 침범해서는 안 됩니다. 오히려 아이의 자유를 보호하고 확대해 갈 수 있도록 협조해야 하는 거지요.

학생 자유의 확대를 개성의 존중과 같은 개념으로 이해해도 될까요?

교사 그렇습니다. 그리고 자연성 보호도 같은 맥락으로 볼 수 있어요. 자유의 확대나 개성 존중 그리고 자연성 보호는 주인으로서의 삶을 살아가기 위한 최소한의 조건을 확보하는 겁니다. 간섭과는 거리가 멀지요. 어른의 요구는 간섭이에요. 자유를 침해하는 일이고, 개성과 자연성을 훼손하는 일입니다.

학생 개성을 존중하기 위한 교육적 노력에는 어떤 것들이 있는지요?

교사 개성을 고려한 교육은 로마의 교육학자이자 수사학자修辭學者인 쿠인틸리아누스의 사상을 통해 살펴볼 수 있습니다. 쿠인틸리아누스는 학생의 개성을 고려해서 그에게 적합한 방법을 사용할 것을 권고합니다. 적성도, 능력도, 흥미도, 관심도 다른 학생들에게 동일한 내용을 동일한 방식으로 제시하지 말라는 거지요. 작품을 구상하고 만들 때 재료의 성질을 고려하듯 아이들의 특성을 고려해 그에게 어울리는 내용과 방법을 제시하라는 겁니다.

학생 쿠인틸리아누스가 개성을 고려한 교육을 강조한 이유가 무엇일까요?

교사 우선 개성을 고려한 교육은 즐거움을 준다는 겁니다. 그는 학생이 학습을 즐거워하지 않는 이유를 교사에게서 찾아요. 학습에 흥미가 없고 지식 습득에서 즐거움을 갖지 못한다면 그것은 교사의 잘못에서 기인한다는 겁니다. 배움을 좋아하고 지식습득을 즐기는 아이들의 특성이 발휘되지 못하는 것은 아이들을 대하는 교사들의 잘못이라는 겁니다. 학생의 특질을 고려하지 않았다는 거지요. 학습의 즐거움은 개인의 소질을 고려할 때 가능합니다.

학생 개성을 중시하는 교육을 하려면 개성을 알아야 할 텐데 어떻게 알 수 있을까요?

교사 참 어려운 과제입니다. 중요한 건 아이들에게 관심을 기울여야 한다는 것입니다. 아이들의 소리에, 걸음걸이와 손놀림에, 행동 하나하나에 세심한 관심을 기울여야 해요. 개성의 발견은 관심으로부터 시작됩니다. 관심을 기울이려면 만나야 합니다. 자주 만나 이야기해야 해요. 아이들의 이야기에 귀 기울여 그들의 생각을 들어야 합니다. 그들의 가치관, 흥미, 능력, 관심, 약한 면과 강한 면 등을 세밀히 살펴야 해요. 기쁨과 슬픔까지 함께해야 합니다. 함께 웃고 울어야 그들의 개성과 만날 수 있습니다. 개성 발견을 위한 또 다른 노력으로 세상과의 접촉을 들 수 있습니다. 아이들에게 세상과 직접 만날 수 있는 기회를 주어야 합니다. 다양한 것을 보여주고, 들려주고, 직접 체험할 수 있는 기회를 주어야 합니다. 물론 오랜 시간이 소요됩니다. 지속적인 관심과 끈질긴 노력만이 개성을 만날 수 있는 길입니다. 개성은 쉽게 모습을 드러내지 않아요. 많은 정성이 필요한 일입니다. 오랜 시간 아이와 함께하는 것이 중요합니다. 아이들의 능력과 인격을 확인하는 것은 교사에게 주어진 중요한 책무 중 하나예요. 능력과 인격 확인은 개성 확인 작업인 거지요. 아이들이 지니는 특성을 찾아야 특성에 맞는 교육을 할 수 있고, 결국 개성을 신장시키게 됩니다.

학생 개성을 찾았을 때 비로소 교육이 가능한 건가요?

교사 그렇지 않습니다. 개성을 찾는 과정 자체도 교육입니다. 자신을 발견하고 발견한 자신을 성숙시키는 일련의 과정이 교육이거든요. 다만 개성을 발견하기 위한 교육과 발견 이후의 교육이 다를 뿐입니다. 아이는 태어난 순간부터 수많은 것들과 만납니다. 만나는 순간부터 교육은 시작되는 거지요. 사람은 물론 자연과도 만납니다. 소리와 냄새와도 만납니다. 거칠고 부드럽고, 네모나고 동그랗고, 크고 작고, 평평하고 울퉁불퉁하고, 움직이고 고정되어 있고, 시끄럽고 조용한 온갖 세상이 아이를 반깁니다. 이러한 만남은 개성을 자극합니다. 개성이 눈을 뜨고 기지개를 켭니다. 세상으로 나갈 준비를 하는 거지요. 이러한 개성을 보다 체계적으로 자극하여 그 모습을 분명히 확인하는 작업이 교육 활동인 겁니다.

학생 그러면 개성을 발견한 이후에는 어떤 식의 교육이 바람직한지요.

교사 자주 언급되는 이야기이지만 교육은 어른들의 생각과 지식을 일방적으로 전해주는 어른을 위한 어른의 행사가 아닙니다. 학생들의 요구와 그들의 필요, 그리고 성장 방향 등을 고려하여 모든 학생에게 최적의 내용을 가장 효율적인 방법으로 제공하는 아이를 위한 아이의 행사입니다. 모든 아이들의 개성을 뭉뚱그려 마치 한 사람에게 하는 교육처럼 이루어지는 교육으로는 아이의 성장을 담보할 수 없습니다. 개성을 고려해서 그에게 적합한 방법을 사용해야 한다는 겁니다. 말하자면 개성 맞춤식 교육인 거지요.

학생 개성의 필요와 요구를 살펴야 된다는 말씀이군요. 개성마다 성장에 필요한 양식이 다를 테니까요.

교사 그래요. 농부들이 농사짓는 모습 보세요. 고추, 토마토, 호박, 옥수수, 콩, 팥, 고구마 등 심는 품목도 다양하지요, 그러나 이 모든 작물을 한날한시에 같은 방법으로 심나요? 그렇지 않아요. 심는 시기도 방법도 작물에 따라 달라요. 거름과 비료는 어떤가요. 마찬가지입니다. 작물에 따라 다르지요. 일일이 작물의 특성을 고려하여 거름을 주고, 비료를 뿌리고, 필요에 따라 약도 줍니다. 작물에 맞지 않는 거름이나 비료는 소용이 없거나 오히려 피해를 주게 되기 때문이지요. 작물을 심고 가꾸는 일련의 과정은 농부가 임의로 정하는 것이 아닙니다. 시기도 방법도 작물이 정하는 겁니다.

학생 운동도 종목에 따라 훈련 내용이나 방법이 다르다고 들었습니다.

교사 그렇겠지요. 운동 종목이 다르면 훈련 내용 역시 달라야지요.

배구, 축구, 체조, 수영, 탁구, 격투기와 육상 등 종목마다 요구하는 능력, 필요로 하는 기능이 다릅니다. 그 종목에서 필요로 하는 능력과 기능을 기르기 위해 가장 적합한 방법을 찾게 마련입니다. 다리나 팔의 근력, 점프력, 지구력, 순발력 등 그 종목에서 가장 필요로 하는 힘을 기르는데 중점을 두게 마련인 거지요. 배구 선수에게는 수영 선수에게 요구되는 능력을 기르기 위한 훈련이 그다지 도움이 되지 않을 수 있습니다. 여기서 어른은 늘 각기 다른 특성을 지닌 아이들에게 똑 같은 거름을 주는 것은 아닌지, 각기 다른 종목의 아이들에게 일방적으로 점프력 향상만을 요구하는 것은 아닌지 돌아보아야 합니다. 모든 것이 똑같은 아이는 없을 테니까요.

간섭하지는 않는가

간섭은 묶고, 닫고, 가두는 일이다

'이렇게 하라는데 너는 왜 네 멋대로 하니!
선생님이 뭐라고 그랬니? 시키는 대로만 해, 네 멋대로 하지 말고!'

교사 간섭 그리고 강제는 마음의 문을 닫게 하는 주문이에요. '하지 마라'라는 제재는 아이가 품고 있는 사고와 의지를 차단합니다. 움직임마다, 아이의 생각 하나 하나마다 교사의 잔소리가 따라다니면 아이는 움직임을 멈추게 마련입니다. 아이는 생각의 문을 걸어 잠그고 교사의 소리에 수동적으로 반응하는 기계로 변하게 됩니다.

학생 말씀을 들으니까 아이들이 선생님과 마주치는 것을 그다지 좋아하지 않는 것은 능동적이고 주체적인 삶을 살아가려는 아이들의 본능적인 몸짓이 아닌가 하는 생각이 들어요.

교사 그럴 수 있어요. 교육은 타고난 아이의 능력에 힘을 부여하는 작업이거든요. 아이의 능력을 인정하는 것은 교육의 대전제예요. 그러니까 아이의 자연성이 자연스럽게 성장하고 변화할 수 있도록 환경을 조성하는 일이 중요하다는 말입니다. 그런 의미에서 간섭을 문제 삼는 겁니다. 간섭은 교육적 환경을 훼손합니다. 그것도 심각하게요.

학생 사사로운 욕심 없는 순수한 지원과 지지를 해 주어야 한다는 말씀이지요?

교사 그렇습니다. 아무리 많은 지원과 훌륭한 환경을 조성해 준다 해도 자유로운 교육 환경이 조성되지 않으면 창의적이고 독창적인 성장과 발전을 기대하기 어렵습니다. 아이들은 자신들의 자연성을 실현해 가는 독창적이고 주체적인 존재입니다. 교육은 아이들의 자연성 성장과 실현을 돕는 일이고요. 아이들의 자연성이 자연스럽게 세상에 나와 주어진 성향대로 마음껏 성장하기 위해서는 자율성이 보장되는 학습 환경이 조성되어야 합니다. 여기에서 교육의 능동성을 강조하고 아동 중심 교육 사상을 정립한 미국의 철학자이자 교육 사상가인 듀이Dewey, 1859~1952를 포함한 진보주의자들의 생각을 들여다 볼 필요가 있습니다. 이들은 아이가 필요한 것을 아이 스스로 계획하고, 조직하고, 평가하게 하는 아이의 자발적 활동 내지 자율 학습을 교육 방법의 기본 원리로 채택합니다. 학습은 강요의 대상이 아니라는 이유에서입니다. 학습은 강제할 수 없는 학생 자신의 자율적 영역이라는 것이 이들의 생각입니다. 부모나 교사 그 누구라도 학생의 학습권을 지배하거나 구속할 수 없는 일이지요. 학습은 학생 스스로의 원칙에 따라 학습할 수 있어야 한다는 겁니다. 학생들의 학습을 통제할 수 있는 유일한 존재는 자기 자신일 뿐인 거지요.

학생 그럼 학생은 자신이 좋아하고, 원하고, 하고 싶은 공부를 마음껏 할 수 있겠네요.

교사 물론입니다. 재미있고, 관심 있고, 즐거움을 느끼는 분야를 마음껏 찾아 학습할 수 있는 겁니다. 이처럼 아이를 자발적으로 움직이게 하는 힘은 흥미예요. 재미나 즐거움을 주는 겁니다. 이와 같은 흥미가 자율 학습의 전제입니다. 흥미는 대부분의 사상가들이 중요하게 여기는 교육적 요소입니다. 인문적 실학주의를 대표하는 프랑스의 사상가 라블레Rabelais, 1483~1553는 자신의 쾌락에 따라 즐기면서 학습해야 한다는 사실을 강조합니다. 스페인 출신의 또 다른 인문적 실학주의자인 비베스Vives, 1492~1540 역시 학습에 대한 학생들의 흥미를 매우 중요한 학습 요소로 여깁니다. 그리고 교사들은 학생들이 학습에서 흥미를 느낄 수 있도록 힘써야 한다고 말합니다. 즐거움과 흥미가 유발될 때 비로소 학습에서 강제는 사라지고 자율이 가능해집니다.

학생 정말 그래요. 흥미 있는 일이라면 무엇이든 스스로 달려들 것 같아요. 어떤 어려움이 있더라도 고통을 감내하면서 배우고 익히려 애쓸 겁니다.

교사 그럼요. 흥미는 관심을 불러오고 학습 의욕을 불타오르게 합니다. 강제 학습으로 차갑게 굳은 학습 의욕에 불을 댕기는 것은 흥미예요. 흥미가 있으면 아이들은 학습에 마음을 쏟고 관심을 보이기 시작합니다. 사라졌던 의욕에 새로운 힘을 붓는다고 할까요. 흥미 없는 학습은 그 자체로 고통입니다. 학습으로부터, 학교로부터, 교사로부터, 친구로부터, 세상으로부터 멀어지게 만드는 원인이 되기도 합니다. '네가 원하는 것을 행하라.' 이것은 라블레가 운영하던 텔렘 수도원의 표어입니다. 이 표어는 자신의 의지에 따른 자유로운 삶을 찬양했던 라블레의 사상과 당시 활발하게 전개되던 인문주의의 관점을 잘 보여줍니다.

학생 인문주의는 각 개인이 자율성과 주도성을 갖고 자기 삶의 주인이 되는 것을 강조하는 것으로 알고 있습니다. 이를 위해서는 특별한 노력이 필요할 것 같은데요.

교사 물론입니다. 노력 없는 결실은 없습니다. 가장 중요한 것은 간섭을 배제하는 일입니다. 간섭 배제는 교육적 환경 조성 작업 1순위예요. 간섭은 자연성을 움츠리게 하거든요. 뿐만 아니라 간섭은 시야를 좁게 만들고 세상을 보는 눈을 제한합니다. 결국 교사의 발로 걷고, 교사의 눈으로 보고, 교사의 귀로 듣고, 교사의 머리로 생각을 대신하게 되고 아이의 눈과 귀 그리고 손과 발은 있으나 없는 장식품으로 전락하게 됩니다. 두 번째는 강제의 거부지요. 외부에서 주어지는 힘은 자연의 힘을 약화시킵니다. 외적 강제는 성장을 강제합니다. 억지로 키를 키우고 살을 찌우지요. 없는 능력을 강제하고 이런 모습을 저런 모습으로 꾸미고 장식하고 치장합니다. 아닌 것을 마치 그런 것처럼 위장하고 없는 것을 있는 것처럼 꾸밉니다. 이처럼 강제는 자연의 모습을 왜곡하지요. 학습은 아이의 자연성이 억지가 아닌 스스로의 힘으로 자랄 수 있도록 돕는 일이어야 합니다.

학생 간섭은 참 비교육적인 언어라는 생각이 드는군요. 그럼에도 어른들의 마음에서 사라지지 않는 이유가 무엇일까요?

교사 욕심 때문이 아닐까 합니다. 어른들이 자신의 마음에 드는 아이를 만들려는 욕심이 빚은 결과라고 생각해요. 어른이 아이에게 어른의 바람과 욕망을 집어넣으려는 욕심 때문입니다. 아이들은 어른들의 삶을 위한 도구가 아닙니다. 독창적인 삶을 스스로 살아가야 하는 독립적 존재인 거지요. 아이의 입장에서 어른의 요구에 희생당하는 것은 부당한 일입니다. 어른의 욕구를 충족시킨다는 이유만으로 아이의 욕구를 외면하는 것은 교육 윤리에도 어긋나는 일입니다. 지독한 어른 중심주의이지요. 어른이 만들어가는 아이는 어른들의 욕구, 욕심, 바람, 입맛에 따라 변하게 마련입니다. 어른들의 입맛에 길들이는 것, 그건 이미 교육이 아닙니다. 아이를 어른의 욕구를 대신하는 욕구의 대리인을 만드는 일에 불과한 겁니다. 어른은 아이들을 위한 존재가 되어야 합니다. 아이들을 어른들을 위한 존재로 착각해서는 안 됩니다. 아이들은 아이들일 뿐이고, 그들의 삶은 그들의 삶일 뿐입니다. 아이들이 어른의 뜻을 따르는 것을 당연한 일로 여기는 것은 아이의 본성을 짓밟는 일입니다.

장애물 극복을 돕는 교육인가

장애는 삶에 대한 경이로운 눈빛을 흐리게 한다

요리법대로 재료를 준비하고 썰고 다듬고 분량대로 섞고
강한 불로 혹은 중불로 끓이고, 볶고
그러나 원하는 맛을 내기란 쉬운 일이 아니다.
이때 누군가의 도움이 아쉽다.

교사 요리할 때 요리사의 요리법은 맛의 가치를 높이지요. 요리사의 요리법에는 원하는 맛을 얻을 수 있는 비법이 있습니다. 무엇을 언제 얼마나 넣고, 어느 정도 익히는 것이 좋은지 등 요리사의 요리법은 요리 과정은 물론 결과까지 좋게 만듭니다. 삶의 가치는 교육을 통해 향상됩니다. 가치 향상을 가로막는 장애를 극복할 수 있는 힘도 교육으로 얻습니다. 요리법은 맛있고 영양가가 풍부한 음식을 만드는 방법만 일러주는 것이 아닙니다. 음식의 맛을 떨어뜨리고 영양가 손실을 가져오는 원인도 알려줍니다.

재료가 지닌 본래의 맛이 드러나지 않는 것은 그 맛을 가로막는 장애가 있기 때문입니다. 음식의 맛을 찾고 영양을 높이는 것은 맛의 장애 요인 제거로 가능합니다. 삶의 가치와 만족도 향상을 위해서는 이를 가로막는 장애를 제거하는 일이 무엇보다 중요합니다. 교육은 삶의 가치와 만족을 가로막는 장애를 제거하는 방법과 방향을 제시해 줍니다.

학생 사람마다 추구하는 삶의 방향이나 가치가 다르지 않나요?

교사 물론입니다. 삶의 방향뿐 아니라 삶에서 마주치는 삶의 장애 또한 다르지요. 장애가 다르니 장애를 극복하는 방법 역시 다르고요. 그래서 아이들이 접하는 교육 과정은 어떤지, 교육은 아이들이 부딪히는 갖가지 장애에 관심을 기울이는지, 아이들이 추구하는 삶을 체계적으로 지원하는지, 장애를 극복할 수 있는 힘을 길러주는지 등 개개인에게 맞는 세심한 교육적 배려가 필요한 겁니다. 교육 과정은 아이들의 꿈을 지원하기 위한 교육 계획입니다. 꿈의 실현을 지원하는 일에는 꿈의 실현을 가로막는 장애를 제거하는 일이 포함되어야 합니다. 이처럼 교육은 삶의 가치를 더하는 일입니다.

학생 획일적인 교육 과정은 그 자체가 교육의 장애 요인이라는 생각이 듭니다.

교사 참 좋은 지적입니다. 교육 과정의 획일화는 교육을 가로막는 가장 큰 장애예요. 획일적 교육은 마치 고추, 파, 배추, 시금치, 토마토 등 다양한 농작물을 같은 방식으로 재배하는 것과 다르지 않아요. 같은 시기에 심고, 같은 시기에 같은 거름을 주고, 같은 약품을 뿌리고, 같은 시기에 거두기까지 한다면 그것은 효과적이지 못할 뿐 아니라 오히려 성장을 가로막는 장애로 작용할 수도 있다는 점에서 위험한 일입니다.

학생 교육 과정은 아이들 한 사람, 한 사람이 지니고 있는 장애의 내용을 고려해야 한다는 말씀인가요?

교사 그렇습니다. 물론 모든 아이에게 공히 필요한 내용이 있습니다. 꿈의 내용에 관계없이 누구에게나 필요한 필수 영양소 같은 내용은 모든 아이에게 당연히 가르쳐야 하는 거지요. 그러나 모든 아이에게 필요한 내용만을 획일적으로 가르치는 것으로 그친다면 문제인 겁니다. 아이들에게는 각자에게 필요한 내용이 있게 마련이거든요. 아이마다 지니고 있는 꿈이 다르고 장애의 내용이 다르기 때문입니다. 그래서 각 아이에게 필요한 내용을 찾아 제공하는 것이 중요합니다. 교육은 필요를 제공하는 일입니다.

성장의 장애를 제거하는 데 필요한 내용을 적절히 제공하는 것이 아이의 성장을 돕는 일입니다. 장애물을 효과적으로 제거할 때 그들은 꿈을 향한 길을 멈추지 않고 계속 걸을 수 있습니다.

학생 교육은 무언가 계속 쌓기만 하는 것으로 알고 있었는데, 장애를 제거하는 일이기도 하다는 사실이 놀랍습니다.

교사 물론 갖가지 경험을 통해 하나하나 쌓아놓은 지식과 정보들이 성장을 촉진하는 에너지가 됩니다. 그러나 이런 에너지만으로 성장이 보장되는 것은 아닙니다. 에너지가 에너지로서 쓰일 수 있는 환경이 주어질 때, 비로소 축적된 에너지는 성장을 촉진하는 힘이 됩니다. 에너지가 활동할 수 있는 환경은 에너지의 활동을 가로막는 장애를 제거함으로 가능합니다.

학생 장애는 자신을 속박하는 일이군요.

교사 맞아요. 장애는 마땅히 해야 할 행위나 권리를 강압적으로 얽어매고 제한하는 일이지요. 교육은 장애 제거를 통해 잃은 권리를 회복하는 일입니다. 눈과 코, 귀와 입 그리고 손과 발 등 신체와 정신이 누려야 할 마땅한 권리를 찾아주는 일입니다. 교육은 눈을 가리고 귀를 막고 있던 장애물을 제거하는 일이에요. 교육은 볼 수 없던 것을 보게 하고, 들리지 않던 소리를 듣게 합니다. 모르는 것을 알게 하고 잘못을 깨닫게 하기도 합니다. 생각을 키우고 폭을 넓히기도 합니다. 그리고 생각을 바꾸어 줍니다. 삶의 방식과 세상을 변화시킵니다. 막혔던 귀가 열리고 닫혔던 눈이 열리면 세상이 달라집니다. 멈추었던 성장이 비로소 가능해 집니다.

학생 장애가 제거되면 자신의 삶은 물론 세상을 대하는 자세도 달라질 것 같아요.

교사 그렇습니다. 더 이상 장애를 안고 사는 존재가 아니거든요. 떳떳해지고 당당해집니다. 자신을 자신 있게 세상에 내 놓을 수 있게 되는 겁니다. 제자리를 걷던 자신의 모습이 아닌 새로워진 자신의 모습에 스스로 자신감이 생기는 겁니다. 새로운 존재로 탈바꿈한 자신이 자랑스럽게 생각됨은 물론이고요. 교육은 이처럼 변화를 만듭니다. 시각도, 관점도, 가치관도, 세계관도 변합니다. 교육은 인간의 모든 부분을 자극하고 변화시킵니다. 장애를 깨닫게 하고 장애를 극복할 수 있는 힘도 줍니다. 장애 제거는 그 자체만으로도 새로운 존재가 되게 합니다.

학교는 즐거운 집인가

학교는 언제나 미소로 맞아주고, 포근한 자리를 권하고,
따뜻한 사랑을 베푸는 곳이다

우리의 학교는 즐거운 집인가?

학교는 아이들에게 즐거움과 기쁨을 선사하는가?

교사 아침에 등교하는 아이들을 생각해 볼까요? 아이들의 등굣길이 즐겁나요? 기쁨으로 가득한가요? 아이들의 발걸음은 가볍나요? 무겁게 느껴지지는 않나요? 자신감이 넘치고 입가엔 행복한 미소가 번지나요? 신나는 모습인가요? 밝은 얼굴로 인사를 건네나요?

학생 ….

교사 선뜻 아이들의 웃음이 떠오르지 않는다면 곤란합니다. 학교를 거북하고 불편한 공간으로 인식한다면 온전한 교육이 가능할까

요? 적어도 학교는 기쁨과 즐거움을 주는 곳이어야 해요. 경이로움과 호기심을 자극하는 공간이어야 합니다. 고통스러운 공간이라면 교육은 아이들에게 고통을 주기 위한 행위일 뿐입니다. 체계적이고 구체적이고 합법적인 고통 수단인 거지요. 행여 아이들이 학교를 '고통의 집'일 뿐이라고 인식한다면 무엇이 이들을 고통스럽게 하는지 살펴보아야 합니다. 무엇이 그들의 즐거움을 빼앗아 갔는지를 고민해야 해요. 들뜨고 기쁜 마음으로 들어서야 할 교문이 기쁘지도 즐겁지도 않은 두려움의 문이 된 이유를 찾아 제거해 주어야 합니다. 두려움은 경험이 만듭니다. 학교가 두렵고 교사와 급우가 공포의 대상이 된 것은 그들에 대한 부정적 경험 때문입니다. 교육의 장이 공포를 유발시키는 공간이라면 아이들을 불러 모을 이유가 무엇일까요?

학생 학교는 원래 즐거움보다 고통이 큰 곳 아닌가요?

교사 물론 그럴 수도 있습니다. 그러나 학교라고 반드시 고통의 공간이어야 하는 것은 아니에요. 얼마든지 즐거운 곳일 수 있어요. 선택하지 않은 일을 해야 한다는 것은 교육이 안고 있는 문제예요. 아이의 동의 절차는 애당초 생각지도 않잖아요. 학교 교육은 대부분 그냥 맡기는 식으로 이루어집니다. 이처럼 원하지 않는 일을 해야 하는 것은 그 자체로 고통스러운 법이지요. 그러나 원하고 바라는 일을 할 때에는 고통이 적습니다. 비록 그 일이 어렵고 힘겹더라도 참고 견딥니다. 아주 즐거운 마음으로 말이지요. 그러므로 학교생활을 원래 고통스러운 일로 치부하여 아이들의 고통을 외면하는 것은 아이들의 고통을 키우는 일입니다. 학교에 그리고 공부에 즐겁게 다가설 수 있도록 그들의 아픔에 귀 기울여야 합니다. 무조건 참고 견디라는 주문은 아픔에 대한 외면입니다.

학생 그런데 공부를 고통스러워한다면 어떻게 해야 할까요?

교사 공부를 힘겨워 하는 것은 아이들의 바람과 동떨어진 내용을 배워야 하기 때문이 아닐까 합니다. 그리고 공부에 대한 부정적 경험이 고통을 만들어 냅니다. 원치 않는 일만큼 힘겨운 일은 없을 테니까요. 해야 할 공부라면 그들의 염원을 담아야 합니다. 아이들이 간절히 원하는 것을 배울 수 있는 시간이 되어야 합니다. 그러기 위해서는 아이들의 소원을 자극해야 해요. 공부를 소원하도록 해야 합니다. 아이들이 하고 싶은 공부가 되도록 해야 된다는 말입니다. 그것은 아이들의 소망과 바람을 공부에 담을 때 가능합니다. 상품이나 서비스에 대한 정보를 여러 가지 매체를 통하여 소비자에게 널리 알리는 의도적인 활동을 통해, 처음에는 시큰둥했지만 시간이 흐를수록 물건에 호기심을 보이고 결국 구입하게 만드는 홍보와 같습니다. 억지가 아닌 아이 스스로 공부의 필요성을 느끼고, 자발적으로 참여할 수 있도록 분위기를 만들어 주어야 해요. 공부를 통해 필요를 충족하고 소망을 이룰 수 있다는 믿음을 주어야 합니다. 그리고 그러한 믿음을 실제로 체험해야 합니다. 공부가 원하는 삶으로 이끄는 힘임을 일깨워야 합니다. 자신감을 가질 수 있도록 도와야 합니다. 고통을 견디는 힘은 기쁨과 보람 그리고 희망입니다. 아무리 둘러봐도 희망이 보이지 않을 때 지치는 겁니다. 아이의 마음을 지칠 때까지 방관하는 것은 어른의 도리가 아닙니다.

학생 아이의 마음을 헤아리는 것이 중요한 것 같아요.

교사 그럼요. 아이는 어른의 인정으로 자라는 법이에요. 아이의 마음을 알아주지 못하면 아이는 지칩니다. 지친 아이들은 때로 포기를 선언하기도 하잖아요. 학교를 떠나는 거지요. 학교를 떠나는 것은 고통으로부터의 도피예요. 상처를 치유하고자 하는 본능적 행동이라고 봅니다. 매우 자연스러운 일인 거지요. 고통을 참는 것은 한계가 있으니까요. 참는 것은 상처만 깊어지게 할 뿐입니다. 가고 싶었고, 다니고 싶었던 학교가 몸서리쳐지도록 우울한 곳으로 바뀌는 것은 아이의 고통을 외면한 어른의 탓입니다. 여기에서 최초의 근대적 교사로 불리는 비토리노Vittorino,

1378-1446의 말을 들어볼 필요가 있습니다. 비토리노는 학교는 즐거운 집과 같은 곳이어야 한다고 말합니다. 아이들이 즐거워하지 않는 공간이라면 이미 교육적 기능을 상실한, 의미도 가치도 없는 텅 빈 공간일 뿐입니다. 아이들의 미소가 사라진 공간은 생명력을 잃은 죽음의 공간입니다. 웃음을 잃었다면 웃음을 찾아주어야 해요. 기쁜 마음으로 찾아올 수 있는 참된 교육의 장으로 바뀌어야 합니다. 잘못된 줄 알면서도 방치하는 것은 교육의 포기고 아이들을 포기하는 겁니다.

학생 잃은 웃음 찾아주기! 듣기만 해도 기분 좋은 말씀인데요, 그런데 방법이 있을까요?

교사 조금만 관심을 기울이면 되는 일이에요. 잃은 웃음을 찾는 것은 웃음을 잃게 만든 원인을 제거하면 됩니다. 무엇이 아이의 웃음을 빼앗아 갔는지를 찾으면 되는 거지요. 그러기 위해서는 먼저 학교가 아이에게 요구하는 내용을 면밀히 검토해 봐야 합니다. 사람을 불편하고 고통스럽게 하는 것은 자신의 능력이나 의지와 거리가 있는 내용을 강요받을 때입니다. 아무리 훌륭하고 필요한 내용일지라도 아이들에게 전해지지 않으면 아이들에게 그 어떤 영향도 미치지 못하고, 아이들의 변화를 이끌어내지도 못합니다. 그러므로 아이들에게 제시되는 교육내용이나 방법 그리고 평가와 학습의 양이 적절한지 살펴볼 필요가 있습니다. 그리고 학교생활 내내 함께 하는 친구나 교사에게는 혹 어떤 문제가 없는지도 살펴보아야 합니다. 다른 하나는 아이의 요구에 귀 기울여야 한다는 겁니다. 일방적으로 요구만 하고 학생의 요구에는 관심조차 주지 않을 때 아이의 고통은 가중됩니다. 아이의 소리에 귀 기울여 주고 아이의 요구를 허용해야 합니다. 학교생활에 관객이 아닌 주인공으로 참여할 수 있도록 해야 합니다. 주체적인 생활은 고통이 자라기 어려운 환경입니다. 아이에게 어른은 상반되는 감정이 공존하는 양면 가치를 지닙니다. 존재 자체만으로도 큰 힘이 될 수도 있고 어른의 존재가 고통이 되기도 합니다. 아이의 감정을 허용하는 어른은 힘이 되지만, 허용하지 않을 때는 고통이 됩니다. 허용하는 어른과 함께할 때에는 안정을 느끼지만 그렇지 않을 때에는 불안하기 그지없습니다. 아이의 모든 것을 있는 그대로 허용하는 것은 어른의 도리입니다. 즐거운 집으로서의 학교는 어른이 그들의 도리를 다할 때 가능한 일입니다.

교재教材는 권위자의 소리만 담고 있지 않은가

아이의 삶을 지지해주는 것, 교재가 갖추어야 할 미덕이다

교사 교재는 아이들에게 양식糧食입니다. 교재를 통해 교육의 빛깔과 향이 만들어집니다. 교육에 임하는 아이의 태도 또한 교재의 영향에서 자유롭지 않습니다. 교재는 아이의 삶을 꾸려 가는 데 필요한 에너지원입니다. 교재를 토대로 아이의 삶은 한 발짝씩 나아갑니다.

학생 교재가 중요한 거군요.

교사 물론입니다. 교재는 많은 경우 배우는 내용이나 방법을 결정하고 교육의 결과에까지 영향을 미칩니다. 그러므로 교재 선택에 신중을 기해야 합니다. 교재는 어떤 삶을 살아야 한다는 식으로 아이의 삶을 규정하는 틀로 작용해서는 안 됩니다. 아이의 삶은 아이 스스로 정합니다. 특정한 아이를 양성할 목적으로 교재를 개발하고 일방적으로 전파하는 것은 아이들의 삶을 훼손하

는 일입니다. 교재 선택도 아이의 몫입니다. 교재는 아이 스스로 자신이 추구하는 자신의 삶에 도움이 될 것으로 판단되는 것을 스스로 선택하도록 해야 합니다. 양식을 섭취한 아이가 어떤 존재로 성장하든 그것 또한 아이에게 주어진 아이의 몫입니다.

학생 그러면 교재는 누가 무엇을 근거로 어떻게 만들어야 할까요?

교사 좋은 질문입니다. 교재는 아이의 꿈을 근거로 제작되어야 합니다. 아이 스스로 실현하고 싶은 자신의 희망과 이상을 도울 수 있어야 합니다. 어른이 생각하는 아이로 양성할 목적으로 특별한 교재를 제공하고 일방적으로 영향을 끼치려는 시도는 교육일 수 없습니다.

학생 교재는 어른의 꿈이 아닌 아이의 꿈을 돕는 것이어야 한다는 말씀이군요.

교사 그렇습니다. 교재는 어른이 꿈꾸는, 어른의 욕구에 맞는 아이를 양성할 목적으로 제공되는 아이 양육 지침서가 아닙니다. 교재는 어른의 욕구를 담는 그릇이 아닙니다. 아이를 통해 어른의 욕심을 충족시키기 위한 수단은 더더욱 아닙니다. 어른의 욕구가 담긴 교재에는 아이의 욕구를 담을 수 없습니다. 그리고 어른의 욕구만을 담은 교재는 아이의 삶을 통제하는 힘으로 작용하기 쉽습니다. 교재에서 어른의 권위를 제거해야 합니다. 교재가 아이의 꿈을 빼앗는 일은 없어야 합니다. 교재는 순전히 아이의 꿈이 실현될 수 있도록 도와주기 위한 어른의 배려입니다. 교육을 위한 교재라는 그럴듯한 명분으로 아이의 삶을 통제하려 하는 것은 교재의 본래 용도를 훼손하는 일입니다. 교재는 아이의 요구와 필요가 담겨야 합니다.

학생 교재가 지니는 교육적 의미를 잘 알겠습니다. 깊은 고민 없이 아이 앞에 내 놓는 교재가 있어서는 안 되겠네요.

교사 그럼요. 교재가 교육에 미치는 영향을 생각하면 교재를 함부로 여길 일이 아니지요. 많은 고민이 필요해요. 그리고 교재는 아이의 특성을 고려해야 합니다. 아이마다 필요로 하는 내용이 다르고 아이에게 미치는 영향 또한 다릅니다. 같은 교재라 해도 아이가 받는 영향은 다르지요. 그러므로 공통된 교재와 개별 교재가 별도로 준비되어 있어야 합니다. 그리고 모든 교재는 성장 과정과 성장 단계 그리고 아이의 요구의 변화에 따라 달라져야 하고요.

학생 교재 준비는 어렵고 힘든 일이네요. 그러면 특별히 교재에 담겨야 할 내용이 있을까요?

교사 네, 베이컨Bacon, 1561~1626의 생각을 말씀드릴게요. 베이컨은 교재에 특별히 경험을 담을 것을 요구합니다. 교재는 사물을 관찰하고, 실험하고, 평가하고, 기록한 사물에 대한 경험의 산물이어야 한다고 말해요. 베이컨에게 있어 지식은 경험의 산물입니다. 그는 사물에 대한 정확한 사실을 수집하고 통계를 정리함으로써 사물에 대한 정확한 지식을 얻을 수 있다고 말합니다. 물론 베이컨은 자연 법칙을 알기 위한 자연 현상 연구에 관심을 기울였으나 그가 말하는 사물의 폭을 확대해서 생각해 볼 필요가 있습니다. 아이들과 함께 살아가는 타인들 그리고 그들이 살아갈 사회 전반에 관해 관찰하고, 평가하고, 그것을 기록하여 제공하면 그것이야말로 좋은 교재가 될 수 있을 것입니다. 중요한 것은 어른의 경험을 정답으로 받아들이도록 요구하는 일은 없어야 한다는 겁니다. 경험이 전통이나 권위자의 권위의 산물이어서는 안 된다는 것을 염두에 두어야 합니다. 교재는 자연이 녹아 있고 다양한 사람들의 사회적 경험이 농축된 것이어야 한다는 것이지요.

학생 교재는 아이들이 따라야 하는 순종의 대상으로 간주하지 말라는 말씀이네요.

교사 그렇습니다. 이유나 조건 없이 익히고 따라야 하는 강제는 아니지요. 아이들이 스스로를 발견하고 성숙한 삶에 도움이 되도록 쓰이고 만들어진 기성인들의 진솔한 경험의 기록이며, 산물이어야 한다는 겁니다. 기성인들의 경험은 기성인들만을 위한 것이 아닙니다. 어른의 경험과 경험의 산물은 그대로 아이들 성장의 토대가 되고 성장을 촉진하는 힘으로 작용한다는 점을 명심해야 합니다. 단순히 어른의 지적, 정서적, 의지적 권위만을 담은 교재는 아이들을 위축시키고 자연적 본성을 타락시킵니다. 순종을 강요하고 강제하기 쉬워요. 어쩌면 주인으로서의 성장이 아니라 노예로서의 성장을 부추기는 것일 수도 있습니다. 교재는 기성인들이 아이들에게 베푸는 선물입니다. 아이들은 기성인들이 베푸는 선물을 통해 자신을 발견하고 자신을 바라보고 자신을 살찌우게 되는 겁니다.

학생 교재에는 아이의 요구와 필요도 담겨야겠어요.

교사 중요한 지적입니다. 교재는 내용에 한계를 두어서는 안 됩니다. 교재는 아이들의 요구와 필요는 물론 어른의 요구와 필요 그리고 사회의 요구와 필요까지 빠짐없이 반영되어야 합니다. 교재는 아이들 성장에 필요한 영양소들이 골고루 들어가야 합니다. 결핍된 영양소가 없어야 해요. 사실 온 세상이 교재입니다. 교과서는 세상을 축소시키거나 은폐하는 우를 범하면 안 됩니다. 세상을 왜곡해서도 세상에 대한 편견을 담아서도 안 됩니다. 교재는 세상을 있는 그대로 담아야 합니다. 그래야 아이들의 선택의 폭이 넓어집니다. 세상을 보는 시야도 확대될 테고요. 이때 중요한 것은 누가 보고 느낀 세상이냐 하는 겁니다. 어른이 본 세상만 담으면 안 되잖아요. 아이들이 보고 삶을 펼쳐갈 세상을 편견 없이 그대로 담으려는 노력이 필요합니다. 어른의 뜻, 어른의 의지, 사상, 가치관, 의식만을 담는 그릇으로 교재의 용도를 변경하지 말아야 합니다. 그것은 아이의 꿈을 어른 임의로 바꾸는 일입니다. 좋은 교재를 만드는 일은 아이를 위한 어른의 책무입니다.

여행은 권하는가

여행은 생각의 산파다.

- 알랭 드 보통Alain de Botton

교사 아이에게 여행을 장려해야 합니다. 여행은 만남입니다. 여행에서는 자신을 만납니다. 세상에 홀려 소홀했던 자신에게 눈길을 돌립니다. 자신에게 귀를 기울입니다. 자신을 보고 자신의 소리를 듣습니다. 그리고 타인을 만납니다. 타인에게 눈을 돌리고 귀를 엽니다. 다양한 감정과 관념들과 만납니다. 다양한 가치와 삶을 만납니다. 다양한 웃음과 눈물을 만납니다. 만남은 성장입니다. 보고 들음은 성장 에너지가 됩니다. 삶을 다듬기도 합니다. 생활 속에서 쌓인 갈등, 불안, 분노, 질투, 시기, 욕심 등 부정적인 감정을 깎고, 닦고, 바르게 합니다. 긍정적인 에너지를 찾는 일입니다. 만남은 성장을 위한 에너지이고, 동시에 삶에 놓인 장애요인을 찾는 일이기도 합니다. 자연 또한 중요한 여행의 동반자입니다. 자연은 많은 이야기를 들려줍니다. 그리고 많은 이야기를 들어줍니다. 문제를 제기하기도 하고 답을 제시하기도 합니다. 기쁨을 주고 슬픔을 다독입니다. 울분을 삭혀주고 눈물을 닦아줍니다. 여행은 삶의 영역을 넓혀줍니다. 아집의 껍질을 깨고 타인을 듣도록 합니다. 이기利己를 버리고 타인을 보도록 합니다. '나'뿐 아니라 '너'도 있음을 일러줍니다.

학생 여행과 교육이 어떤 관계가 있는지요?

교사 여행이 만남과 성장을 위한 행보라면 교육 또한 만남을 통해 변화와 성장을 꾀한다는 점에서 세상 여행인 셈입니다. 그런 점에서 만남 없는 교육은 상상할 수 없는 일이지요. 만남이 없이 이루어지는 교육은 생명력이 없는 죽은 교육이에요.

학생 여행이 좋은 학습법이라는 말씀이군요.

교사 그렇습니다. 여행은 만남을 목적으로 하니까요. 많은 것을 만나고, 보고, 듣고, 깨닫고, 느낄 수 있기 때문입니다. 프랑스의 사상가인 몽테뉴Montaigne, 1533~1592는 여행과 같은 움직임을 통해서만 개인은 실천적 지혜를 습득할 수 있다고 주장하기도 했습니다. 실제가 아닌 문자화된 세계만을 진열해 놓은 교과서 속 이야기는 공허한 이야기일 뿐이라는 겁니다. 여행은 공허한 지껄임이 아닌 진정한 것을 학습할 수 있는 기회라는 것이지요. 세상은 참 교과서입니다. 그러므로 여행은 참 교과서와의 만남입니다. 여행은 교과서를 펼치는 일이지요. 세상과의 만남에는 누구로부터의 강요도 없어요. 보고 싶은 것, 듣고 싶은 것, 만지고 싶은 것, 냄새 맡고 싶은 것을 얼마든지 자유롭게 선택해서 원하는 것을 할 수 있습니다. 시간 제약도 없어요. 외울 것도 없지요. 무엇을 보고 들어야 한다는 요구도, 어떤 감정을 가져야 한다는 규정도 없습니다. 그냥 경험하는 거지요. 아무 거리낌 없이 느끼면 됩니다. 여행을 통해 만나는 '세상이라는 교과서'를 사용하는 유일한 방법은 '자유로움'입니다.

학생 여행은 진정 훌륭한 자율학습이네요.

교사 그렇지요. 그 누구의 간섭도 없어요. 눈치 볼 일도 없습니다. 오직 자신의 의지만이 자신을 이끄는 힘이 됩니다. 자신의 의지대로 의미를 만들면 됩니다. 여행은 책 속에서, 교실 안에서 만날 수 없던 세상과의 만남을 통해 자신의 가치를 만들어가는 일이에요. 교사의 입을 통해 전해지는 세상은 오염되게 마련입니다. 여행은 세상이 왜곡되고, 편향되고, 오염될 수 있는 교실의 한계를 극복할 수 있는 좋은 방법이에요. 여행은 생명 없는 교재에 생명을 불어넣는 일입니다. 여행은 결국 배움의 영역을 넓히는 일이라고 할 수 있어요.

학생 여행은 그 자체로 교육인 셈이네요.

교사 그렇지요. 세상이 교실이에요. 세상 속 모든 것이 교과서이고요. 그리고 세상이라는 교과서에서 보고, 듣고, 느끼는 모든 것이 교육인 거지요. 그러므로 세상과의 만남은 소중한 겁니다. 만남은 눈을 열어주고 마음을 열어주거든요. 새로운 것을 보고, 새로운 것을 마음에 담을 수 있게 합니다. 그리고 가슴을 열고 세상과 소통하게 합니다. 세상이 베푸는 아름다움에 감격해하고 감사함도 배웁니다. 기쁨에 눈물짓기도 하고 상처받은 몸과 마음을 치유받기도 합니다.

학생 새로운 것과 마주할 때의 느낌은 정말 놀랍고 기쁘고 가슴이 벅차요. 특히 자연이 그런 것 같아요. 자연 앞에 서면 작아지고, 겸손해지고, 따뜻해지기도 하고 감정이 정화되는 느낌을 많아 받아요. 그러한 감정이 삶을 변화시키는 것 아닌가 싶어요.

교사 그렇지요. 자연만큼 훌륭한 교사 그리고 교과서는 없습니다. 자연은 신이 만든 교사요, 교과서거든요. 자연을 교사와 교과서로 생각한 사상가는 프랑스 계몽 사상가인 루소입니다. 루소는 자연을 훌륭한 교과서요, 좋은 교사로 생각했습니다. 물론 모든 것을 자연에 의존할 수 있는 것은 아닙니다. 그러나 자연을 도외시한 채 인간이 만든 교재에만 의존하는 것은 아이의 자연적 능력의 성장을 방해하는 일입니다. 교과서는 아이가 걸어야 할 길을 제시합니다. 자연이라는 교과서는 삶의 이정표인 셈이지요. 교과서를 통해 삶을 꿈꾸고 길을 찾습니다. 그리고 교과서가 제시한 길을 따라 걷습니다. 교과서로서의 자연이 소중한 이유입니다.

학생 아이가 접하는 교과서는 아이의 자연성을 자극하고, 자각하게 하고, 성숙시킬 수 있어야 한다는 말씀이지요?

교사 물론입니다. 아이들은 자연을 호흡하고 세상을 호흡할 수 있어야 해요. 그럴 수 있는 기회를 마련해 주어야 한다는 말입니다. 아이를 교실이라는 제한된 공간에서, 어른의 생각을 나열해 놓은 교과서만 바라보면서 생활하도록 하는 것은 아이들을 둘러싸고 있는 자연을 만날 수 기회를 빼앗고, 자연과의 관계를 멀어지게 만드는 일입니다. 아이들은 자연의 품 안에서, 자연의 보살핌 속에서 자연을 호흡하며 살아가야 합니다. 그럴 때 아이의 자연성은 꽃을 피웁니다.

학생 종이로 된 교과서만 보고, 듣고, 냄새 맡게 해서는 안 된다는 말씀이군요?

교사 맞아요. 그렇게 되면 아이들은 교과서만 기억합니다. 교과서가 이들 앞에 펼쳐진 유일한 세상이고, 이들이 접한 세상의 전부입니다. 교과서 속 세상은 참 세상이 아닙니다. 단지 모조품일 뿐입니다. 꾸며진 세상이고 꾸며진 사회이고 만들어진 인간일 뿐입니다. 어른들이 보고, 듣고, 만나고, 느낀 인간과 자연 그리고 세상을 활자화한 것에 불과합니다. 그것은 어른들의 자연이고, 어른의 세상이고, 어른의 인간일 뿐입니다. 여기에서 벨기에의 초현실주의 화가 르네 마그리트René Magritte, 1898~1967가 그린 〈이미지의 배반〉이라는 작품을 생각해 볼 수 있습니다. 이 작품은 흔히 볼 수 있는 파이프 그림입니다. 그런데 그림 아래에는 '이것은 파이프가 아니다.'라고 쓰여 있습니다. 그림 속 파이프는 파이프가 맞지만 그것은 대상의 재현일 뿐 그 대상 자체일 수 없다는 의미라고 합니다. 그림 속 파이프는 담배를 넣고 불을 붙이면 연기가 피어오르는 진짜 파이프가 아닌 거지요. 단지 물감으로 그려놓은 파이프 그림에 지나지 않은 겁니다. 그림 속 파이프는 실체와는 엄연히 다른 겁니다. 아이들이 접하는 교과서 속 세상도 이와 같이 그려지고 만들어진 세상인 겁니다. 세상을 그린 그림인 거지요. 세상 속으로 직접 뛰어들 수 있는 여건과 환경을 제공해 주는 것이 중요한 일입니다. 교과서 속 세상을 직접 만날 수 있어야 된다는 겁니다.

학생 아이를 자연과 직접 만나게 해야 한다는 말씀이군요.

교사 그렇지요. 어른이 만난 자연을 아이에게 전하는 것은 아이의 성장 기회를 빼앗는 일입니다. 아이가 직접 자연과 만날 수 있도록 해야 합니다. 자연을 직접 만나 호흡하고, 냄새 맡고, 볼 수 있게 해야 해요. 자연의 모습을 닮도록 해야 합니다. 자연은 아이들의 삶의 터전입니다. 자연의 법칙이 교육의 법칙이 되도록 해야 합니다. 자연은 아이들이 자신을 발견하고 자신을 펼쳐 나아갈 공간이며, 그 힘의 원천입니다. 자연 속에서 아이들은 삶의 에너지를 얻어요. 자연 속에서 자신을 찾고 자신을 발전시킵니다. 다시 말하지만 자연은 아이들이 읽고, 보고, 들어야 할 신神이 베푼 교과서거든요.

학생 선생님 말씀을 들으면 자연은 부모님 같다는 느낌도 들어요.

교사 그래요. 자연은 아이들의 부모이기도 해요. 아이들은 어머니로부터 삶의 에너지를 얻고, 어머니의 보호 아래 성장하고, 개성적 존재가 되어가는 것처럼, 자연 역시 아이들의 성장을 돕는 에너지원이고, 성장의 토대이기 때문입니다. 이것이 아이들이 자연의 품에서 자라도록 해야 하는 이유입니다. 자연을 떠난 아이들은 부모를 떠난 아이처럼 성장 동력을 잃기 쉽습니다. 보호자 없는 아이가 바르게 성장하기 어렵듯이 자연을 떠난 아이들 역시 바른 성장 가능성이 적습니다. 아이들을 자연과 어울리도록 하는 것은 부모와 함께 생활하도록 하는 것처럼 중요한 일입니다. 교실은 아이들을 감금해 두는 시설이 아니에요. 이제 교실이라는 좁은 공간에서 해방시켜야 합니다. 자유롭게 자연과 만나고 대화할 수 있도록 해야 해요. 교과서만으로 이루어지는 교육은 아이들 성장을 가로막는 걸림돌입니다.

학생 세상과의 만남을 주선해 주라는 말씀이군요. 그리고 아이가 있는 곳이면, 어디든 교실이고, 아이가 보고 듣는 것이면, 무엇이든 교과서라는 말씀이기도 하고요.

교사 맞아요. 만남은 자극이에요. 특히 새로운 것은 오감을 춤추게 하지요. 생소한 것과의 만남은 설렘이고, 또 다른 꿈을 꾸게 합니다. 새로운 세상은 새로운 가르침이고 새로운 배움이에요. 이것은 변화를 촉진할 수밖에 없습니다. 그런 점에서 아이들에게 새로운 세상이 주어지는지 살펴야 합니다. 참된 여행의 기회가 주어지는지 늘 자문해야 해요. 그들이 꿈꾸고, 바라고, 만나고 싶은 곳과의 만남을 주선해야 해요. 그리고 그들의 생각을 마음껏 펼칠 수 있도록 기회를 주어야 합니다. 아이들은 교사에게 얽매인 존재가 아닙니다. 아이의 자유를 교사가 베푸는 자비쯤으로 여기는 것은 아닌지 늘 살펴야 합니다.

학생 세상은 자신을 통해 자신을 가르치는 셈이네요. 교사는 세상으로부터의 배움과 세상의 가르침을 방해하지 말라는 말씀이고요.

교사 그렇지요. 따라서 아이를 교실에만 머물도록 요구해서는 안 되는 겁니다. 마치 육체라는 감옥으로부터 벗어나야 참된 지혜를 얻을 수 있다고 말한 플라톤의 이야기가 떠올라요. 학교가 아이를 가두어두는 감옥이어서는 안 됩니다. 교사는 아이들의 입과 귀를 그리고 행동을 규제하고 통제하는 억압자가 아닙니다. 어른은 아이들이 세상을 마음껏 만날 수 있도록 해야 합니다. 세상과의 만남은 세상을 이해하고 깨달을 수 있는 기회입니다. 그것은 세상이 지닌 무한한 가치에 대한 이해요, 깨달음입니다. 어른은 스스로 아이와 세상과의 만남을 가로막는 장애물은 아닌지 돌아봐야 합니다.

학교는
금禁의 구역인가

행위를 묵인하는 너그러움, 그것은 사랑이다

"… 하지 마라."

"… 해라."

금하는 것도 필요하다. 무엇인가 요구해야 할 필요도 분명 있다. 모든 욕구를 허용할 수는 없는 일이다. 금해야 할 것, 그리고 싫어도 해야 할 일이 분명 있다. 그러나 이유가 분명해야 한다. 그리고 그 이유는 합리적이고, 인간적이어야 한다. 그리고 교육적이어야 한다.

교사 이유가 없거나 비합리적인 요구는 학대입니다. 비합리적 요구로 아이들을 이렇게 혹은 저렇게 하도록 규제하는 것은 아이들을 보이지 않는 창살에 가두는 행위와 같습니다. 아이에 대한 제도화된 기대가 교육의 틀을 규정짓는 일은 없어야 합니다. 개인 그리고 학교라는 공동체가 추구하는 공동목표 수행에 지장을 주지 않는 한 아이들의 생각과 행동은 허용되어야 하고 인정되어야 합니다. 그리고 문제가 있다고 판단되는 행동은 다듬어 가면 됩니다. 생각을 다듬고 행동을 교정하는 것이 교육입니다. 생각 자체를 가로막고 행동 하나하나를 규제하는 것은 교육과는 거리가 있습니다.

학생 아이의 생각에 울타리를 치지 말라는 말씀이지요?

교사 그래요. 생각을 제한하는 것은 생각이 자랄 기회를 빼앗는 일이거든요. 아이의 생각은 스스로를 성장시키는 에너지입니다. 아이는 생각이라는 에너지를 통해 성장해 가는 겁니다. 생각 없는 아이는 성장을 멈추게 되지요. 그리고 아이의 생각이 멈춘 자리에는 어른의 생각이 자리하게 마련입니다. 그러면 아이는 어른의 생각에 수동적으로 반응하게 되고 어른의 생각에 의존하게 됩니다. 의존적인 존재가 되는 거지요. 책임 있는 주체로서의 자리를 잃고 말해주지 않으면 스스로 알아서 할 수 없는 자기 삶의 객客이 되는 겁니다. 결국 스스로 생각해 볼 기회가 없기 때문에 자신의 삶을 이끌어 갈 사고력도 행동력도 성장하지 않습니다.

학생 그런데 학교에서는 자신의 생각대로 움직이는 것보다 지시에 의해 움직이는 것이 훨씬 유리한 것 같아요. 그러니까 굳이 생각할 필요가 없는 거지요. 시키는 대로만 하면 모든 일이 순조로운데 구태여 자신의 생각을 앞세울 필요가 있을까요?

교사 물론 시키는 대로만 하는 것이 편할 수는 있습니다. 무엇을 어떻게 해야 할지 고민할 필요가 없을 테니까요. 그러나 움직임 없는 삶은 능력조차 멎게 만든다는 사실을 기억해야 합니다. 어른들은 아이의 생각을 인정해 주고 각자의 생각대로 움직이는 것을 허용해야 합니다. 사고는 성장 동력입니다. 사고는 성장에 필요한 에너지를 제공합니다. 다양한 사고는 건강한 성장을 보장합니다. 편식이 건강을 해치듯 편협한 사고 또한 정신 건강을 해합니다. 생각과 생각이 부딪히고 생각이 또 다른 생각을 부르는 풍요로운 사고 속에서 아이는 자라납니다.

학생 그런데 생각은 자신을 표현하는 거잖아요? 그렇다면 당연히 시끄러울 텐데요. 어른들이 참아줄까요?

교사 맞아요. 쉬운 일은 아닙니다. 보통 어른들은 아이들 입단속에 열심이지요. 조용히 하라는 말로 하루를 시작하고 하루를 닫기 일쑤지요. 움직임도 제한합니다. 가만히 좀 있으라는 말을 입에 달고 살지요. 당연히 시간이 지날수록 아이의 입은 무거워지고 움직임도 둔해집니다. 아이가 웃고 떠드는 것은 식물이 씨앗을 퍼뜨리고 꽃을 피우는 작업과 같아요. 열매를 맺기 위해서 거쳐야 할 당연한 과정이잖아요. 시끄러움 속에서 아이는 영글어 갑니다. 봄이 조용하면 가을에 거두어들일 것이 없어요. 봄은 시끄러워야 해요. 바빠야지요. 봄이 되면 꽃들이 앞 다투어 피어나잖아요. 조용했던 겨울의 모습과는 전혀 다른 모습이 됩니다. 나무의 색깔과 향이 달라지고요. 벌을 유혹하고 나비를 끌어들입니다. 성장을 위해 감당해야 할 당연한 수고입니다. 그리고 주변의 자연은 나무의 변화를 수용하고 허용합니다. 그 누구도, 그 무엇도 시비를 걸지 않지요. 행여 변화를 두려워하여 색깔을 숨기고 향을 감춘다면 성장은 더뎌집니다. 결국 생존이 어려워질 겁니다. 새들도 자신의 존재를 알리기에 열심이지요. 독특한 소리로 시선을 끌기도 합니다. 아름다운 둥지로 자신의 마음을 표현하기도 하고요. 이는 짝을 찾고 종족을 번식하기 위한 부산한 노력입니다. 다른 수컷보다 마음을 더 표현하고 자신을 더 드러내야 마음에 드는 암컷의 마음을 움직일 수 있기 때문입니다. 이처럼 모든 생물들은 자신의 특성을 아낌없이 세상에 드러냅니다. 그들이 풍기는 향과 색깔은 생존을 위한 것입니다. 자신을 드러내지 않으면 그들의 생존은 가능하지 않아요. 자신을 세상에 드러낼 때 그들은 비로소 존재하게 됩니다. 자신을 표현하지 않으면 존재하되 존재하지 않는 존재가 되는 겁니다.

학생 아이의 모습은 자연을 많이 닮았다는 생각이 듭니다.

교사 맞아요. 그런데 어른이 자연의 모습을 지우려 하지요. 인간도 자연의 일부임을 부정하는 것입니다. 삶에서 자연스러움을 제하면 억지스러움만 남아요. 삶은 억지의 산물이 아닙니다. 자연의 산물이지요. 자연과 마찬가지로 자신을 드러내지 않으면 존재하되 존재하지 않게 돼요. 자신을 어떤 방식으로든 표현해야 하는 거지요. 인간은 말과 몸짓, 그리고 글 혹은 음악이나 그림 등으로 자신을 표현하고 세상에 등장합니다. 그러나 이러한 표현 능력은 자연스럽게 생성되는 것이 아닙니다. 다양한 경험이 필요한 일입니다. 이것이 어려서부터 자신을 표현할 기회를 주어야 하는 이유입니다. 자신을 표현하는 능력은 표현의 경험을 통해 형성됩니다. 표현의 내용이나 방식이 무엇이든 거부하거나 부정하지 말아야 해요. 금할 것이 아니라 허용해야 합니다. 어떤 방식이든 아이가 표현할 때 인정해 주어야 합니다. 그러한 방식을 허용해야 되는 거지요. 무엇이든 자신의 생각을 삶을 통해 드러낼 수 있도록 기회를 주어야 해요. 그리고 격려와 칭찬을 해 주어야 합니다. 아이가 자신을 표현할 때는 아주 작고 사소한 일일지라도 허투루 생각하거나 넘어가서는 안 됩니다. 작은 일까지도 세심하게 관심을 기울여 주어야 합니다. 그럴 때 보다 적극적으로 자신을 표현할 수 있게 되고 자신의 선택에 따른 권리와 함께 책임 있는 주체로 성장해 가는 겁니다. 거부당하고, 부정되고, 인정받지 못하면 아이는 서서히 생각을 접고 몸을 움츠리게 돼요. 다른 사람 앞에서 자신을 드러내기를 두려워합니다. 결국 자신을 숨기게 되는 거지요. 사람들로부터 관심을 받지 못한다고 느끼면 자신에게조차 관심을 갖지 않게 돼요. 자신조차 자신에게 관심을 두지 않게 되는 거지요. 자신조차 자신을 버리게 됩니다. 아이들의 무거워진 입, 성장의 징조일까요? 혹 철이 든 탓일까요? 어른스러워진 것일까요? 왁자지껄 웃고 떠들고 뛰는 것은 봄을 맞은 아이의 모습인 겁니다.

스쿨 런School Run을 부추기는 것은 아닌가

너무도 아플 때 아이는 뒷걸음질 치고 싶어진다

교사 〈치킨 런Chicken Run〉이라는 애니메이션 영화가 있습니다. 생명에 위험을 느낀 닭들이 양계장을 탈출하는 내용입니다. 예금자들이 은행에서 예금을 인출하기 위해 몰려드는 현상을 일컫는 '뱅크 런bank run'이라는 말이 있어요. 금융시장이 불안정하거나 거래 은행의 재정 상태가 좋지 않다고 판단한 예금주들의 은행 탈출을 말합니다. 탈출의 원인이 무엇일까요? 공포예요. 자신의 생명과 재산을 지킬 수 없겠다는 불안감과 공포심이 이들을 떠나게 만드는 겁니다. 그러한 두려움은 그 자리로부터 스스로를 쫓아냅니다. 살기 위한 몸부림인 거지요. 여기에서 스쿨 런을 생각해 봅니다. 학교를 공포로 받아들이는 아이들은 없을까? 학교를 두려움의 공간으로, 위험지대로 바라보는 아이들은 없을까? 교사도 친구도 삶의 동반자가 아닌 통제자요, 경쟁자로 그리고 자신을 위협하는 존재로 바라보지는 않을까? 그래서 학교를 떠나려는 아이들은 없을까? 공포와 불안감에서 달려가는 'run' 현상이 꼭 은행에서만 일어나는 것은 아닙니다. '뱅크 런'이 예금자들의 불안감에서 발생하는 것처럼 아이들이 학교에서 불안감을 느끼거나 공포를 느낀다면 충분히 가능한 일이기 때문입니다. 아이들을 공포로 몰아넣는 요소가 없는지 살펴야 합니다.

학생 학교를 불편하게 생각하는 아이들은 있을 수 있다고 생각해요.

교사 '아이들 학교 가는 길, 그것은 곧 전쟁이다.' 언젠가 모 보험회사가 내건 광고 카피입니다. 이 광고는 아침마다 아이들을 등교시키는 힘든 과정을 담고 있습니다. 학교에 가기 싫어하는 아이를 억지로 차에 태우고 가는 중에 별일이 다 생깁니다. 발버둥치고, 울고, 소리 지르고, 인형을 던지고… 등교를 거부하는 아이들의 행위가 운전에 집중하지 못하게 하는 상황을 연출합니다. 아이들의 행동이 자칫 사고를 유발할 수 있습니다. 그렇기 때문에 이런 예기치 못한 돌발 상황에 대비할 수 있는 보험에 들라는 메시지를 담고 있는 광고입니다. 그런데 이것이 광고만의 이야기일까요? 우리 아이들의 등굣길은 평화롭고 기쁠까요? 소리 지르고, 발버둥치고, 돌아서고 싶은 마음이 없을까요? 어른들은 아이들이 매일 치르는 전쟁 속 등굣길에 눈길을 돌려야 합니다. 등교할 때부터 하교할 때까지 학교라는 공동체 안에서 교육이라는 명분하에 이루어지는 일련의 사태들을 꼼꼼히 살펴보아야 합니다. 아이들을 두려움에 떨게 하는 요인은 없는지, 움츠리고 가슴 졸이게 하는 일은 없는지, 교사를 두려워하는 경우는 없는지, 친구와의 관계에서 어려움을 겪는 경우는 없는지 혹 소리 지르고 발버둥치고 싶은 마음이 들지는 않은지…. 개인적인 문제부터 구성원과의 관계에 이르기까지 아이들이 학교를 불편하게 여기는 부분이 있는지, 있다면 불편한 부분이 무엇인지 세심히 살펴야 합니다. 그리고 그 원인을 제거하기 위해 최선을 다해야 합니다. 삶은 각자에게 주어진 각자의 책임이니 알아서 하라는 식의 태도는 무책임한 일입니다.

학생 교사가 아이 편에 서서 아이의 삶을 돌아보는 것이 중요하겠네요.

교사 물론입니다. 교사는 아이를 위해 존재하는 겁니다. 아이들의 학교생활을 돕는 것이 교사의 책무입니다. 숙소를 찾은 여행객들이 편안히 쉴 수 있도록 숙소 곳곳에 배치되어서 고객에서 각종 서비스를 제공하는 것과 유사한 일입니다. 최고로 편안함 속에서 공부할 수 있도록 학습 여건을 만들어 주어야 합니다. 아이들이 머물고 싶은 학교가 좋은 학교지요. 등교하자마자 끝나는 시간을 기다리는 일은 비극입니다. 아이들 입장에 대한 고려 없이 무조건 공부만이 살 길이라고, 어떤 일이 있더라도 대학 졸업장은 따야 된다고 겁박하고 어떤 환경이든 적응하고 생활하라고 강제하는 것은 학교를 더 이상 머물고 싶지 않은, 떠나고 싶은 곳으로 만드는 일입니다. 아이를 위한 준비도 노력도 게을리 하면서, 행여 아이들이 학교를 등지기라도 하면 학교 기피의 책임을 어른의 요구에 순응하지 않은 아이 탓으로 돌리는 무책임한 일입니다.

학생 즐거운 학교생활, 누구나 바라는 이야기죠. 그런데 현실은 그렇게 쉽지 않잖아요. 학교생활을 즐겁게 할 수 있는 방법이 있을까요?

교사 부족하면 부족한 대로, 하지만 자신의 생각대로 스스로의 삶을 준비하고 만들어 갈 수 있도록 기회를 주어야 합니다. 어른이 벌여놓은 경쟁에서 이긴 자에게만 기회가 돌아가는 풍토는 아이들을 지치게 합니다. 서로를 경쟁자로 인식하는 생활 속에서 버티기란 쉽지 않습니다.

학생 지나친 경쟁 풍토를 만들지 말라는 말씀이군요.

교사 그렇습니다. 경쟁은 대부분의 아이들을 체념과 포기로 몰아갑니다. 소수의 승자에게만 초점을 맞추고, 예외적인 그들만의 능력에 환호하는 학교에서 그래도 버텨야 살 수 있다는 어른의 말이 얼마나 설득력을 지닐까요? 어른의 역할은 교실에 앉혀놓는 것으로 끝나는 것이 아닙니다. 학교를 떠나지만 말아달라는 어른의 요구로 교실에 앉아 있는 아이들이 어떤 아이로 성장할 지 심각하게 고민해야 합니다. 일부 아이들의 반사회적이고 비윤리적인 삶을 한탄할 일이 아닙니다. 교육 제도가 그리고 어른이, 아이들이 학교와의 조화적 관계를 이루지 못하도록 조장하지는 않았는지 물어야 합니다. 무조건 학교에 머물게 하는 것이 능사는 아닙니다. 학교가 좋아서, 정말 좋아서 자발적으로 머물고 싶은 마음이 들도록 해 주어야 합니다. 행복도 배우는 겁니다. 행복한 학교생활이 행복한 삶을 보장합니다.

돈을 위한 교육은 아닌가

돈은 세상의 아름다움을 가리는 거친 비바람이다

교사 먼저, 꿈과 교육의 관계에 대해 이야기해 보겠습니다. 꿈과 교육의 관계는 아주 밀접합니다. 꿈과 교육은 서로의 존재 의미입니다. 꿈 없는 교육은 의미 없고, 교육 없는 꿈 또한 허황된 생각일 뿐이죠. 꿈에게 교육은 희망이고, 교육에게 꿈은 가치입니다. 인간이 교육이라는 제도를 만들어낸 것은 꿈 때문입니다. 교육은 꿈을 실현하기 위해 인간이 고안한 가장 합리적이고 인간적인 방법입니다. 교육은 꿈의 실현을 목적으로 하고 꿈은 교육으로 성취됩니다.

학생 꿈과 교육은 서로를 위한 거군요.

교사 그렇지요. 꿈과 교육은 서로가 존재하는 이유예요. 그런데 중요한 것은 모든 꿈이 꿈으로 인정받고 교육적 혜택을 누릴 수 있는 것이 아니라는 겁니다. 아이들의 꿈은 교육의 평가를 받아 통과

되어야 교육의 도움을 받게 됩니다. 이때의 평가자는 교육을 맡고 있는 어른들입니다. 그들이 성취할 필요, 성취할 가치가 있는 꿈인지를 평가합니다. 그리고 필요나 가치가 있다고 판단된 꿈만을 대상으로 성취를 위한 교육적 혜택을 베풀게 됩니다. 그러므로 교육의 평가 결과, 성취의 가치가 없는 꿈이라는 판단이 서면 그 꿈을 이루기 위한 교육은 행해지지 않습니다. 버려지는 것이지요. 교육이 외면하는 꿈은 꿈이 아닙니다. 꿈으로서의 가치를 지니지 못합니다. 망상일 뿐이에요. 아무도 거들떠보지 않는 쓰레기일 뿐입니다.

학생 꿈을 평가받아야 한다는 사실이 이해하기 어렵네요.

교사 네, 그렇습니다. 꿈은 평가의 대상이 아닙니다. 모든 꿈은 평등합니다. 그리고 모든 꿈은 그 자체로 소중합니다. 꿈의 내용과 관계없이 귀한 겁니다. 그리고 어른은 모든 꿈의 성취를 지원해야 합니다. 모든 꿈이 실현되도록 뒷받침하는 건 결국 다양성에 대한 존중과 차별 해소입니다. 꿈을 비교하여 특정한 꿈을 하찮게 여기고 비아냥대고 소홀히 대하는 일은 없어야 해요. 모든 꿈이 우리 모두에게 필요한 꿈임을 인정해 주어야 합니다. 꿈의 차별은 삶의 차별로 이어지는 겁니다.

학생 그러면 꿈을 평가하는 기준은 무엇일까요?

교사 기준이 무엇이든 평가 자체는 꿈에 대한 자부심에 상처를 입히는 일입니다. 특히 꿈을 평가하고 가르는 기준이 돈이라면 문제입니다. 돈 벌이가 되는 꿈은 가치 있는 꿈으로 평가하고, 돈 벌이와 거리가 먼 꿈은 가치 없는 꿈이라는 식의 평가는 돈으로 꿈을 오염시키는 일입니다. 사회가 돈과 관련된 꿈만 인정할 때, 아이의 꿈은 자연스레 돈을 쫓게 되고, 아이의 삶은 자연스럽게 돈으로 기울어지게 됩니다. 돈을 앞세운 교육은 아이의 꿈을 병들게 합니다. 아이의 존엄성은 돈에 찌든 어른의 천박함으로 인해 자연적으로 빛을 잃게 됩니다. 꿈을 돈 뭉치로 포장하는 것은 삶을 돈의 삶, 돈을 위한 삶, 돈에 의한 천박한 삶으로 만드는 일입니다. 만일, 교육이 경제 논리로 추진된다면 꿈은 파괴되고, 교육의 장場은 재앙의 땅으로 변하고, 아이의 미래는 어두울 수밖에 없습니다. 그것은 삶의 의미를 돈에서 찾으라는 요구나 다름없는 일입니다.

학생 돈 자체가 거부해야 할 재화는 아니지 않나요?

교사 물론입니다. 돈은 삶을 꾸미고 가꾸고 유지하는 데 분명 필요합니다. 이것은 누구도 거부할 수 없는 것임에는 틀림없습니다.

문제는 오직 돈벌이를 위해 아이의 꿈을 파헤치고 꿈을 재단하는 일은 없어야 한다는 겁니다. 아이의 꿈을 자비와 인내심으로 보살피던 사상가들의 지혜를 기억해야 합니다. 우리는 그들의 마음을 되살려야 합니다. 돈벌이에 삶을 투자하지 않아도 여유롭고 행복할 수 있음을 깨달아야 합니다. 돈은 어디까지나 수단으로서의 가치를 지닐 뿐, 목적이 되어서는 곤란하다는 사실을 기억해야 합니다. 그래서 꿈의 가치를 자본 획득력으로 평가하는 것은 돈을 위해 삶을 통째로 투자하도록 부추기고, 돈을 위해 삶을 사용하도록 조장하는 것이라는 점에서 문제라는 겁니다. 돈에게 삶보다 더한 가치를 부여하는 것을 지적하는 것이지요. 돈이 곧 권력이 되고 신분이 되고, 그래서 돈이 그대로 아이의 꿈이 되는 사회를 염려하는 겁니다. 이처럼 꿈을 돈으로 치장할 때 교육은 '돈을 위한 삶', '돈을 위한 인간', '돈을 위한 도구' 만들기에 온 정성을 쏟게 될 겁니다. 교육의 이유는 돈에 있지 않음을 잊지 말아야 합니다.

학생 그런데, 현실은 적성이나 능력, 흥미, 가치관 등에 대한 관심보다 수입에 더 많은 관심을 기울이는 것이 사실 아닌가요?

교사 네, 그렇습니다. '돈을 위해 자신을 어떻게 사용할까? 돈의 마음에 드는 삶은 무엇일까?'라는 생각으로 자기 자신을 돈이 유혹하기 좋은 미끼로 만들기 위해 밤낮없이 뛰니다. 공자는 50세를 하늘의 뜻을 알게 되는 지천명知天命의 나이라 했는데, 요즘 학생들은 학교에 입학하는 나이가 되면 아니 그 전부터 '돈의 명'을 깨닫고 알게 되는 것 같아요. 그리고 충실히 따르죠. 새벽부터 늦은 밤까지 돈에 매달려 있는 듯합니다. 책을 보는 것도 학교에 다니는 것도 돈의 명命을 받드는 행위처럼 느껴집니다. 짧은 시간이라도 돈이 아닌 참된 삶을 위한 길을 찾는 데 할애하면 얼마나 좋을까요? 오직 돈에만 초점이 맞추어져 있다면, 시간의 흐름과 함께 삶의 가치 그리고 인간의 미는 희미해져 가게 마련입니다.

학생 그럼, 돈과 삶 그리고 돈과 인간미를 바꾸는 것이네요.

교사 그렇지요. 돈은 우리를 행복하게 만들어주는 많은 것들을 빼앗습니다. 돈을 대가로 행복을 단념해야 하는 거지요. 교육의 시간이 흐를수록 인간의 미가 더욱 선명해지는 것이 마땅한 일입니다. 더욱 인간다워져야 된다는 말입니다. 그러나 돈을 앞세운다면 인간은 차츰 돈벌이에 최적화된 돈벌이 도구로 변할 겁니다. '교육을 잘 받았다'라는 말은 결국 '돈을 잘 버는 도구'가 되었다는 말이 되겠지요.

학생 그렇다면 어떤 노력이 필요한지요.

교사 교육은 아이가 자신의 삶을 살아가도록 돕는 일이고, 교육을 행하는 자는 아이가 자신이 원하는 삶을 살아가도록 도와야 할 책무가 있습니다. 돈을 앞세우는 것은 이러한 교육자로서의 책무를 저버리는 것이지요. 교육은 돈을 벌 수 있는 방법을 익히는 것이 아닙니다. 돈을 위한 것이 아닙니다. 인간다운 삶의 방법을 깨닫는 일이에요. 돈을 인간 앞에 내걸 때 교육은 더 이상 인간의 역할을 익힐 수 있는 기능을 하지 못하게 됩니다. 인간은 욕망 덩어리로 변하게 될 겁니다. 욕망은 자연스러운 것이 아니라 인위적으로 만들어지는 것이거든요. 교육이 돈을 숭상하고, 돈을 앞세우게 되면 돈에 대한 아이의 소유욕은 눈을 뜨고 소유에 대한 욕망은 꿈틀대기 시작합니다. 그릇된 교육은 재화에 대한 욕망을 인위적으로 들끓게 만듭니다. 끓어오르는 그릇된 욕망은 참 인간이 갖추어야 할 덕목에 대한 욕망을 짓누르게 되고요.

학생 상급 학교를 선택하고 학과를 선택하는 것도 취업과의 연관성을 고려하는 경우가 많은데 돈의 작용이 아닌가 싶네요.

교사 그래요. 다시 말하면 '어떤 사람이 될까'보다 '어떤 일꾼이 될까'에 더 많은 관심을 갖는 것이 그것입니다. 물론 일은 필요합니다. 다만 무엇을 위한 일이냐 하는 것을 고려해야 합니다. 인간으로서의 성숙을 고민해야 한다는 거지요. 무조건 '돈만 벌면 그만이지'라는 생각으로 일에 매달리다 보면 어느 사이에 인간의 모습은 사라지고 말 겁니다. 그런 의미에서 학교는 돈벌이를 목적으로 돈벌이에 유리한 과목이나 지식만을 유용한 지식으로 간주하여 권장하고, 인간적 성숙을 위한 지식이나 과목에 대해서는 등 돌리는 일이 없어야 합니다. 그것은 인간을 시장에서 거래되는 상품으로 간주하여 경쟁력 있는 재화를 만드는 일일뿐, 인간을 만드는 교육일 수는 없는 일입니다.

학생 돈을 위한 인간이 아니라 인간을 위한 인간 교육을 해야 한다는 말씀이군요.

교사 네, 정확한 지적입니다. 돈은 삶에 필요한 도구일 뿐, 결코 삶의 주인은 될 수 없습니다. 돈에게 주인의 자리를 내주고 종의 자리에서 돈을 숭상하고 떠받들고 돈을 위해 삶을 몽땅 바치는 식의 삶은, 인간이 주체가 되어 사는 것이라기보다 돈에 의한 삶을 수동적으로 살아가는 일입니다. 그러므로 돈을 앞세우는 교육은 돈을 신으로 모시고 따르는 신도信徒를 양성하는 일에 불과합니다.

학생 그런데 돈의 위상을 무시할 수 없는 것이 현실이잖아요?

교사 물론 그래요. 우리는 늘 모든 것이 돈으로 환산되는 것을 목도하게 되죠. 돈이 삶의 모든 부분을 지배하고 있다고 해도 과하지 않아요. 요즘은 자신이 안고자 하는 자리나 시민의식조차도 돈으로 살 수 있다는 것이 통설처럼 되었잖아요. 돈이면 안 되는 일이 없다는 것이 이젠 그냥 생각에만 머물지 않아요. 현실인 거죠. 이러한 것들은 팔 수도, 살 수도 없는 중요한 가치인데 말이에요.

학생 그런데 교육이 인간을 돈을 위한 상품 만들기를 하고 있다는 말씀이군요.

교사 맞아요. 인간의 존엄성은 시장에서 거래할 수 없는 비시장적 가치예요. 그런데 거래를 위한 상품으로 만든다는 것은 인간의 존엄성을 심각하게 훼손하는 일인 거지요.

학생 그래서 물질을 앞세우는 교육을 위험하게 생각하시는 거군요.

교사 그럼요. 분명히 이야기하지만 물질 자체에 문제가 있는 것은 아닙니다. 물질을 대하는 인간의 태도가 문제인 거지요. 삶과 물질의 관계를 왜곡하고 교육 과정이 물질에 대한 욕망을 부추기는 방향으로 전개되는 것에 대한 우려를 이야기하는 겁니다. 물질을 앞세우는 교육 과정이라면 교육의 과정에서 인간으로서의 위상은 축소되고 물질의 지위가 무한히 커지게 될 것이기 때문입니다. 예를 들어 돈벌이에 활용가치가 높은 인적 자원을 생산하기 위해 국가 차원에서 노력을 기울인다면 개인은 자신을 고가에 잘 팔리는 상품으로 포장하기 위해 노력하게 된다는 겁니다. 아이의 성장에 돈이 개입하는 것은 비인간적이고 비교육적 처사라는 말입니다. 돈의 개입으로 인간성이 훼손되고 아이의 꿈이 좌절되는 일은 없어야 합니다. 돈이 인간으로서의 삶을 가로막는 장애로 작용한다는 것은 아이의 삶을 어른이 훼방 놓는 것과 다르지 않습니다. 삶에서 돈이 장애가 되고, 족쇄가 되고, 올가미가 되는 일은 없어야 합니다. 펼치고 싶은 꿈을, 뻗고 싶은 팔다리를, 펴고 싶은 가슴을, 이쪽 혹은 저쪽으로 가고 싶은 마음을, 이렇게 혹은 저렇게 살아가고 싶은 마음을 어른의 욕심이 병들게 해서는 안 됩니다. 어른이 욕심을 내려놓지 못하고 손에 돈을 움켜쥐고 있는 한 교육은 아이들의 창의성과는 점점 거리가 멀어지게 됩니다.

아이의 자발성을 길러주는가

답은 아이의 내부에 들어 있다

교사 아이는 자발적 존재입니다. 아이는 누군가의 조종에 놀아나는 꼭두각시가 아닙니다. 스스로 행하는 존재입니다. 어떤 사고나 행위든지 자기 내부의 원인과 힘이 만듭니다. 만일 아이의 사고나 행위에 외부의 힘이 작용한다면 아이의 자발적 힘은 사라집니다.

학생 아이는 자발적 존재라는 사실을 인정하는 것이 중요하겠네요.

교사 그렇습니다. 아이를 어떤 존재로 인식하느냐 하는 것이 중요해요. 만일 아이를 다른 누군가의 의견이나 생각대로만 움직이는 타의적 존재로 바라본다면 외부의 간섭이 많아질 겁니다. 당연히 간섭의 강도나 양에 비례해서 자발성은 위축될 테고요.

학생 어른의 간섭은 결국 아이의 경험이나 생각 등에 대한 신뢰가 부족하기 때문인 거네요.

교사 그렇습니다. 아이에 대한 신뢰가 부족한 어른은 아이들을 어른 생각대로 이끄는 것을 당연시 여기는 경향이 있습니다. 부모나 교사가 아이를 어떤 존재로 여기느냐에 따라 아이를 대하는 태도가 달라지겠지요. 아이의 능력을 인정하는 어른이라면 아이의 생각과 가치관, 삶의 다양한 모습을 격려하고 지지할 겁니다. 그러나 신뢰가 부족하면 아이의 생각과 가치관, 그리고 그들이 살아가는 삶의 방식 등에 대해 다양한 방식으로 간섭하고 어른의 생각대로 그들의 생각과 삶의 방식을 수정하도록 요구할 겁니다.

학생 그러면 아이가 가지고 있는 힘은 쓸모가 없어지겠네요.

교사 정확한 지적입니다. 어른에게 이끌려 다니는 삶을 살아가는 아이라면 자신의 삶을 이끌어갈 힘은 필요 없습니다. 아이의 삶이지만 그 삶을 위한 에너지는 어른으로부터 나오는 것이니까요. 어른은 아이의 삶을 마치 자신의 삶인 것처럼 자신의 생각을 집어넣고 자신의 판단을 이정표 삼아 이끌고 갑니다. 아이의 삶은 어른의 뜻대로 만들어지겠지요. 아이는 어른에게 삶을 빼앗긴 꼴이 되고 맙니다. 어른의 힘에 의존하는 삶은 자신의 힘을 지닐 이유가 없습니다. 힘이 사라지는 것은 당연한 수순입니다.

학생 아이가 힘을 잃는 이유에 대해 좀 더 자세히 알고 싶어요. 아이가 힘을 잃게 될 수도 있다는 사실이 마음 아프네요. 힘을 기르는 것이 교육이잖아요.

교사 그렇지요. 교육은 키우고 기르는 일이에요. 아이가 지닌 무수한 능력들이 잘 자라도록 돕는 일이지요. 그런데 그것은 좋은 교육 이야기예요. 힘을 잃게 하는 경우도 많지요. 이런 경우가 그래요. 먼저 정답을 제시하는 경우입니다. 다른 생각은 허용하지 않는 거지요. 오직 교사의 생각만이 정답이 되는 겁니다. 아이들의 생각은 생각으로서의 가치를 지니지 않아요. 칠판 가득 적혀있는 내용은 그대로 노트에 옮겨집니다. 화면 가득 비쳐지는 내용 또한 아이에게 그대로 복사되어 전해지고요. 그것만이 정답입니다. 아이의 생각이 첨가되는 순간 정답은 오염되고 오답으로 변질됩니다. 어른의 생각은 그대로 아이의 생각이 되고, 어른의 눈에 비친 세상은 그대로 아이가 본 세상이 됩니다.

학생 그런데, 어른의 생각에 저도 모르게 박수치는 경우가 많아요. 그냥 어른의 말씀은 무조건 따르는 것이 좋은 것 아닌가 하는 생각도 하게 되고요.

교사 어른이 자신의 생각을 따르도록 강요하는 것은 아이의 생각을 차단하는 일입니다. 그리고 아이가 스스로 자신의 생각을 접고 무비판적으로 어른의 생각에 동조하는 것은 스스로의 삶을 어른에게 의탁하는 일이고요. 자신을 거부하는 일이지요. 아이가 세상과 접촉하는 통로를 부모나 교사로 한정짓는 것은 아이의 삶 자체를 부정하는 일입니다. 아이가 세상과 접촉하는 통로는 아이 자신이어야 해요. 아이가 아닌 어른을 통해 세상으로 나오고 어른의 눈으로 세상을 보고 어른의 입으로 세상을 이야기하면 아이의 삶은 어디에 있나요? 어른들은 자신의 눈이 세상을 보는 통로요, 세상과 만날 수 있는 유일한 길이라는 아집으로부터 벗어나야 합니다. 아집으로부터 벗어나는 일은 아이의 눈을 가렸던 어른의 욕심을 거두고 아이의 귀를 막았던 어른의 소리를 멈추는 일입니다. 아이의 행동을 제약하는 것도 마찬가지입니다. '이렇게 해라, 저렇게 해라'라고 일거수일투족을 간섭한다거나, 행동할 수 있는 범위를 미리 정해두고, 그곳에서 특정한 행동만 하도록 요구하는 것은 아이의 힘을 약화시키는 일입니다.

학생 어른의 태도도 중요하지만 아이 스스로도 자신의 힘으로 삶을 이끌어 가려는 의지가 필요할 듯합니다.

교사 중요한 이야기입니다. 삶의 주인은 자신이고 그러기에 자신의 삶을 만들어 갈 책임 역시 자신에게 있는 겁니다. 그러므로 자신이 이끌어 갈 삶의 정답을 타인의 삶에서 찾는 것은 어리석은 일이지요. 어른의 역할도 중요해요. 그러나 어른의 삶이 정답은 아닙니다. 삶에 정답은 없거든요. 정답을 만들어 아이 앞에 내놓는다는 것은 그렇게 살도록 강요하는 것과 같습니다. 자신의 삶을 정답으로 제시하는 것은 자신의 생각과 다른 삶을 부정하고 배척하는 일이기도 합니다.

학생 어른과 아이가 서로를 인정하고 배려하는 태도가 중요할 듯해요.

교사 그렇습니다. 서로의 생각과 삶의 태도를 허용하는 것이 무엇보다 중요합니다. 자신의 생각만 강조하는 자기 중심주의적 생활 태도를 벗어야 합니다. 서로 자신을 중심으로 생각하는 것은 결국 서로를 배척하는 것과 같은 거거든요. 아이는 어른의 존재를 인정하고 어른은 아이의 존재를 인정해야 합니다. 어른이 없는 세상은 상상하기 어려운 일입니다. 그들의 지혜는 아이의 삶에 소중한 자산이 됩니다. 아이가 터를 닦고 살아갈 세상은 어른의 지혜의 집적입니다. 아이는 어른의 지혜를 토대로 새로운 지혜를 찾습니다. 아이가 터전 삼아 삶을 펼칠 세상은 유구한 역사 속 인류의 작품일지라도, 그 세상을 바라보고 평가하고 세상에서 새로운 삶의 방식을 정하고, 삶을 꾸며갈 책임은 아이에게 있습니다. 어른은 자신이 만든 세상이니 너희는 무조건 따르라는 식의 강요를 접고, 아이 스스로 자신의 눈으로 세상을 볼 수 있도록 기회를 주어야 합니다. 어른이 아이를 대신할 때 아이의 눈은 있으나 볼 수 없고, 입은 있으나 말할 수 없게 됩니다. 결국 아이는 스스로 움직일 수 없는 무기력한 존재가 될 겁니다. 교육은 인간의 활동 중 가장 중요한 활동으로 꼽힙니다. 많은 이들이 장밋빛 미래를 보장하는 교육을 갈망합니다. 그러나 어른이 앞서 보고, 듣고, 말하는 교육은 미래를 어둡게 변질시킵니다. 아이의 미래는 아이가 꾸며야 합니다. 아이 스스로 보고, 들을 수 있도록, 능력을 길러주고 기회를 주어야 합니다. 어른이 보고, 듣고 느낀 것을 그대로 전해주고 정답인 양 외우도록 하는 것은 주체적인 존재로 서는 것을 어렵게 합니다. 교육은 아이들이 스스로의 힘으로 자신을 당당한 주인으로 만드는 작업입니다. 아이들을 세상 밖으로 드러내야 해요. 그래서 세상의 빛을 받으면서 건강하게 성장할 수 있도록 도와야 합니다. 언제까지나 아이를 부모와 교사들의 치마폭에 감싸서는 안 됩니다. 아이는 부모의 품안에 머물기 위해 태어난 것이 아닙니다. 아이들을 세상에 내 놓을 때 그들은 자신의 힘으로 세상을 보고, 자신의 발로 세상을 걷게 됩니다. 어른의 품을 떠나는 고통에서 성장은 시작됩니다.

교육의 길
셋

윤리적 교육
아이들을 주인공으로 대하는가?

교육은 경영 능력을 기르는 일입니다. 자신의 삶을 경영하는 능력을 길러주는 일이 교육입니다.

모든 사람은 자신의 삶을 경영하는 경영자입니다.

경영자는 지휘자입니다. 주어진 일을 최상의 상태에서 수행할 수 있도록 돕는 사람입니다.

삶을 경영하지 않으면 삶은 정체될 뿐 생산적이고 창조적인 삶은 될 수 없습니다.

경영자 없는 기업을 상상할 수 없듯 경영자 없는 삶 또한 있을 수 없습니다.

이것이 명령에 복종하는 교육이 아닌 삶을 이끄는 리더를 위한 교육이 요구되는 이유입니다.

실용적 교육인가

사랑 없는 교육은 위험하다

교사 교육의 가치에 대한 이야기부터 시작하겠습니다. 교육의 가치는 그 결과를 어떻게 쓰느냐에 달려 있습니다. 자신만을 위해 사용할 때의 교육의 가치와 모두를 위해 사용할 때의 가치는 다르겠지요. 교육은 공동체를 위한 사회적 활동입니다. 따라서 개개인의 능력과 성장 결과를 모아서 사회 성장과 발전을 도모할 때 교육은 비로소 가치를 갖게 됩니다.

학생 교육을 통해 개인의 능력을 기르는 것은 자신의 이익을 위한 일 아닌가요?

교사 물론 그렇습니다. 개인이 자신의 이익을 추구하는 것을 탓할 수는 없는 일이지요. 자신의 이익을 도모하지 않는 사람이 어디 있겠어요. 그런데 도덕적 가르침은 자신의 이익에서 한 걸음 더 나아가기를 바랍니다. 다른 사람의 삶, 다른 사람의 이익에도 눈길을 돌리기를 바라는 겁니다. 자신만을 관심의 대상으로 삼지 말고 이웃도 관심의 영역 안으로 끌어들였으면 하는 겁니다. 그래서 교육을 통해 힘겹게 획득한 능력일지언정 타인의 삶을 위해 기꺼이 내 놓을 수 있는 삶을 희망하는 겁니다.

학생 교육으로 획득한 능력을 타인을 위해 사용한다면 다른 누군가를 위한 존재가 되는 건가요?

교사 그렇지 않습니다. 아이는 다른 무엇, 혹은 다른 누구를 위한 존재일 수 없습니다. 다른 사람을 위해 능력을 사용해야 한다고 해서 타인을 위한 존재가 된다거나 능력을 획득하는 이유 자체가 타인에게 귀속되는 것은 아닙니다. 교육은 다른 사람이 아닌 바로 자신을 위한 일입니다. 그러나 교육의 결과가 자신에게만 집중되고 능력의 활용 범위가 자신에게서 멈추게 되면 교육의 의미가 축소되고 교육의 가치는 줄어들게 됩니다.

학생 교육으로 얻어진 능력의 활용 범위를 말씀하시는 건가요?

교사 그렇습니다. 아이가 자신만의 울타리에서 벗어나 '우리'로 관심의 폭을 넓힐 때 교육의 의미 또한 확장된다는 겁니다. 교육이 개인만을 위한 일로 그치고 교육의 결과 또한 개인의 성장만을 위한 일로 한정되면 교육의 필요는 적어지고 효용도 떨어지게 됩니다. 자신의 성장이 사회 구성원의 성장으로 이어지고 자신의 능력 향상이 공동체 발전으로 이어질 때, 교육은 비로소 교육으로서의 참 의미를 갖게 되는 겁니다.

학생 네, 교육을 통해 얻은 능력을 자신만을 위해 쓰지 말고 다른 사람을 위해서도 쓰라는 말씀이군요.

교사 그럼요. 교육의 성과는 나눌 때 의미가 있는 겁니다. 교육에 오직 자신만을 위한 이기적 욕망을 씌울 때 교육은 가치를 잃게 돼요. 물론 교육의 출발은 그리고 일차적 이유는 자신의 발견과 자신의 계발 그리고 자신의 성장에 있습니다. 그러나 계발과 성장의 결과를 자신의 잇속만을 위해 이용한다면 교육은 의미가 없다는 말이에요. 이기심의 절제를 통해 더 많은 교육적 가치를 생산하도록 유도해야 합니다. 계발과 성장의 결과를 사회 구성원의 삶과 공동체의 발전을 위한 힘으로 사용할 때 비로소 교육은 가치를 발하게 된다는 겁니다. 그러므로 교육은 이기적인 욕심만을 부추기는 교육이 아니라, 타인을 나눔의 대상으로 인식하면서 성장할 수 있도록 가르쳐야 합니다. 다시 말하면 교육이 도덕적일 때 교육의 결과 또한 도덕적으로 활용된다는 말씀입니다. 축구의 경우 볼을 소유한 선수는 볼을 계속 가지고 있으려는 경향을 보인다고 합니다. 모든 사람의 시선을 받을 수 있는 기회가 되기 때문입니다. 수많은 관중과 선수들 그리고 심판과 카메라까지 모든 사람의 시선은 볼을 따라다니기 마련이니까요. 그래서 오랫동안 볼을 소유하려는 욕심을 부리게 된다는 겁니다. 그러나 경기 결과는 팀의 패배로 이어질 가능성이 높다는 거지요. 욕심은 화를 부르게 마련입니다. 자기만 돋보이고 싶고, 관중의 찬사를 받고 싶고, 칭찬을 듣고 싶고, 훌륭하다는 평을 듣고 싶은 욕심을 내려놓고 볼을 나눌 때 팀은 승리하게 됩니다. 욕망이 자신에게만 집중될 때 화가 됩니다. 그런데 그 화는 개인에 국한되지 않습니다. 사회와 국가를 불태우는 화로 변합니다. 이처럼 자신만을 위한 욕망을 내려놓을 때 배움의 쓸모는 향상됩니다.

아이들과
함께 걷는가

교육은 선생과 함께하는 사랑의 대화이자
내면에서 빛나는 별을 맞는 통로이다

교사 이제 교사 이야기를 해 보겠습니다. 교사는 규정된 교육을 받고 제도적 검증 절차를 밟아 국가로부터 임명됩니다. 그러나 그것으로 교사로 인정받고, 교사로서의 지위에 오를 수 있는 것은 아닙니다. 아이들의 검증 절차가 남았기 때문입니다. 아이들은 교사가 존경받을 만한 존재인지, 존경심을 일으키는 존재인지에 관심을 둡니다. 아이들의 존경심이 임명장인 셈입니다. 교사는 아이에게 존경을 받을 때 비로소 교사로서의 자격을 갖게 됩니다. 교사는 아이가 만드는 겁니다.

학생 그렇다면 모든 교사가 아이로부터 자격증을 받을 수 있을까요?

교사 그게 문제입니다. 교사 자신도 스스로 존경받는 교사라고 자신 있게 말하기는 어려울 겁니다. 존경 문제는 교사 스스로 노력해야 할 문제입니다. 옛말에 '스승의 그림자는 밟지 않는다.'라는 말이 있지요. 교사에 대한 각별한 태도를 엿볼 수 있는 말입니다. 교육에 대한 선조들의 애정을 느끼게 해 주는 말이기도 하고요. 스승을 존경하고 공경하는 것은 중요한 일입니다. 그러나 더 중요한 것은 교사 자신이 존경받을 만한 자질과 능력을 갖추었느냐 하는 겁니다. 존경심은 배우는 자로서 지니고 실천해야 할 덕목임이 분명하지만 이유 없는 존경심은 없을 테니까요. 중요한 것은 존경심을 일으키는 조건입니다. 교사를 어떻게 생각하느냐 하는 것은 강요의 대상이 아닙니다. 교사 스스로 존경받을 만한 존재가 되도록 노력하는 것이 우선인 겁니다.

학생 교사는 스스로 존경받을 수 있는 존재가 되도록 노력해야 된다는 말씀이군요?

교사 물론입니다. 존경의 문제는 결국 교육의 문제고 사회의 문제로 확대됩니다. 존경은 교육을 시스템적으로 뒷받침해 줍니다. 존경은 교육을 구성하는 중요한 요소입니다. 그러나 강제할 문제는 아닙니다. 아이의 마음을 겁박해 끌어낼 수 있는 마음은 더더욱 아니지요. 강요는 폭력입니다. 아이들 눈과 마음에 비친 교사의 모습이 아이들 마음을 만드는 겁니다. 존경심은 자연스럽게 우러나는 정의로운 감정입니다. 교사 자신이 공경하는 마음을 만들기도 하고, 멸시하고 천대하는 마음을 만들어 내기도 하는 거지요.

학생 아이들 마음에 비친 교사의 모습이 중요하다는 말씀이네요. 결국 존경은 아이의 문제가 아니라 교사의 문제인 거구요.

교사 그렇습니다. 심는 대로 거두는 법입니다. 아이들 마음에 사랑을 심으면 사랑의 열매가 맺어지고, 존경의 씨앗을 심으면 존경의 열매를 맺게 마련입니다. 미움의 씨앗은 미움의 열매를 거두게 되어 있습니다. 아이들 마음은 아무것도 심지 않은 빈터입니다. 부모가 그리고 교사가 무엇을 심고 어떻게 가꾸어 가느냐에 따라 아이의 마음은 아름다운 열매를 거둘 수 있는 옥토가 될 수도 있고, 거둘 것 없는 황무지로 변할 수도 있습니다.

학생 어른들의 역할이 중요하군요.

교사 물론입니다. 스승의 은덕이니, 스승 공경이니 하는 말들이 아무도 귀 기울이지 않는 말이 되고, 오히려 아이들의 관심 밖으로 밀려났다면, 그것은 아이들 탓이 아닙니다. 스승 탓이지요. 교권이 추락했다는 생각이 들고, 존경심을 잃었다는 생각이 들면 아이들을 탓하기 전에 교사 자신이 존경받을 길을 걷고 있는지부터 살펴야 합니다. 요즘 아이들 눈에는 교사들이 없는 것 같다고 느껴지거든 교권이 무너졌다고 푸념하기 전에 먼저 자신이 걷고 있는 교사의 길을 점검해 보아야 합니다. 아이 눈에 교사가 띄지 않는다면 정말 큰일입니다. 그렇다면 더욱 아이 눈에 교사로 비춰질 수 있도록 땀 흘려야 합니다.

학생 선생님 말씀 중에 교권이라는 말씀을 하셨는데, 그리고 교권 추락이라는 말씀도 하셨고요. 교권이란 구체적으로 무엇인가요?

교사 네, 교권은 교사로서 지니는 권위나 권력을 말합니다. 권위는 남을 지휘하거나 통솔하여 따르게 하는 힘이고, 권력은 남을 복종시키거나 지배할 수 있는 공인된 권리와 힘을 의미해요. 그렇다면 교권은 교사가 학생들을 억압하고 통제하고 지배할 수 있도록 국가가 교사들에게 허락한 힘이라는 의미가 됩니다.

학생 의미가 무겁고 조금은 권위적이네요. 그런데 교육에서 교권이 어떤 의미를 지니는 건가요?

교사 사뭇 권위적으로 들리지요. 그런데 교권을 어떻게 사용하느냐에 따라 의미는 달라질 수 있어요. 만일 교권이라는 말의 본래 의미대로 권위와 권력을 발휘한다면 교실의 분위기는 어떻게 될까요? 아이의 웃음도, 성장도 멈추게 되지 않을까요? 아이들은 숨죽인 채 교사들의 명령만 기다리고, 명령만 받아 적고, 명령만 따르게 되지는 않을까요? 이들에게서 어떤 창의력과 창조력 그리고 상상력을 기대할 수 있을까요?

학생 어려울 것 같아요. 생각만 해도 숨이 막히는걸요.

교사 그렇죠. 그래서 교권은 사랑과 존경으로 바뀌어야 합니다. 아이들을 사랑하고 존경해야 한다는 말입니다. 교사의 사랑은 가지고 태어난 것이 아닙니다. 아이들을 위하고자 하는 후천적인 노력으로 형성된 사랑입니다. 아이를 향한 교사의 사랑이 위대한 이유입니다. 교사가 아이를 사랑하고 존경하면 아이 역시 사랑과 존경으로 답할 겁니다. 교사와 아이는 서로를 사랑하고 존경해야 한다는 겁니다. 사랑과 존경만큼 서로에게 주어지는 찬사가 또 있을까요? 이것이야말로 스승으로서 그리고 학생으로서의 보람일 겁니다. 존중은 교사이기에 당연히 주어지는 특권이 아니에요. 존중은 학생에게 베푼 사랑에 대한 보답인 겁니다.

학생 결국 교권은 학생에게 베푸는 사랑인 거군요.

교사 그렇지요. 아이 사랑은 교사의 의무예요. 아이에게 존경과 사랑을 받은 역사 속 스승 중에는 그리스 최대의 철학자로, 또 백과

科의 시조로 불리던 아리스토텔레스Aristoteles, B.C.384~B.C.322가 있습니다. 그는 최고의 스승이었습니다. 학생들과 늘 함께 걸었고, 학생들과 이야기하기를 즐겼습니다. 아이들에게 행복과 기쁨을 주었습니다. 학생 위에 서지도 않았고, 그들을 지휘하거나 통솔하지도 않았습니다. 통제하거나 억압하지도 않았습니다. 그들을 복종시키거나 지배하지도 않았고요. 오로지 학생들의 필요와 요구에 순종했고, 그들과 어깨를 나란히 하고 걸으며 그들과 함께 웃었습니다. 그리고 식사도 함께했습니다.

학생 아이들을 대하는 아리스토텔레스의 모습은 교사의 역할에 대해 많은 것을 생각하게 하네요.

교사 그렇지요? 아리스토텔레스는 교육이 무엇이고 누구에게 무엇이 왜 필요한지 등 교육에 대한 철학이 분명하면, 결코 억압적일 필요도, 강요할 이유도, 엄하게 대하고 아이 위에 군림할 이유도 없다는 것을 일깨워 줍니다. 그는 교육에 대한 철학이 분명했어요. 아이들로부터 존경받는 것은 당연한 일이었을 겁니다. 교육에 대한 철학이 빈약한 교사는 아이를 지배의 대상으로 여기고, 억압하고, 함부로 대하게 됩니다. 마치 아이가 교사를 위해 존재하는 것처럼 말이지요.

학생 교사는 아이들이 두려워하고, 무서워하는 존재여서는 안 되는 거군요.

교사 그럼요. 교사는 굴종을 요구하는 지배자여서는 안 됩니다. 물론 학생들도 피지배자일 수 없어요. 교사들은 학생들 위에 군림하는 지배자의 태도를 벗어나야 합니다. 교권에 대한 이해 부족과 오용은 교사를 향한 존경과 사랑을 가로막는 커다란 장벽이 됩니다. 군림하려는 태도는 사랑과 존경의 교류를 가로막는 힘으로 작용하게 마련입니다. 아이들과의 사이에 쳐져있는 높고 두터운 장벽을 헐어야 합니다. 아이와 같은 공간에서 함께 호흡하고, 함께 느끼고, 함께 웃고, 어깨를 부딪쳐야 합니다. 영향력은 공간적 거리와 반비례합니다. 거리가 가까우면 그만큼 영향력이 크고, 멀면 멀수록 영향력은 줄어들게 마련입니다. 아이들과의 사이가 멀면 멀수록 존경심과 사랑하는 마음이 줄어드는 것은 당연한 수순입니다. 존경과 사랑은 함께함에서 나옵니다. 여기에서 '함께 걸어라'라는 아리스토텔레스의 가르침에 귀 기울여야 합니다. 교사와 학생이 서로를 수단으로 생각할 때 교육은 이윤추구 사업으로 전락합니다. 그러면 학생에게 교사는 단순히 지식 전달자일 뿐이고, 교사에게 학생 역시 자신의 직업을 유지하는 수단에 불과하게 됩니다. 이것은 교육이 아닙니다. 단순히 서로의 이익을 매매하고 소비하는 수단적 관계일 뿐입니다.

아이를 어른의 세계에
가두지는 않는가

획일성은 교육의 종말이다

교사 어른은 아이들이 주체적인 삶을 살아갈 수 있도록 도와야 합니다. 주체적인 삶은 다른 사람에 의한 삶이 아닌 자신이 주인이 되는 삶을 말합니다. 그러기 위해서는 아이를 자신의 삶의 주인으로 존중해 주어야 합니다.

학생 '삶의 주인!' 듣기만 해도 설렙니다. 그런데 '주인'이 아이의 힘만으로 이루어지지는 않잖아요.

교사 그럼요. 주변의 도움이 필요한 일이지요. 우선 가정에서든 학교에서든 아이를 주인으로 대우하는 일이 중요해요. 특히 학교에서는 아이가 따라야 할 삶의 규범을 제정해 놓고 따르도록 강요하지 말아야 합니다. 아이를 어른 세계의 법칙 속에 가두어 두지 말라는 말입니다. 그리고 어른의 시선으로 세상을 바라볼 것을 권해서는 안 됩니다. 한 발짝 비켜서서 아이가 자신의 시선으로 세상을 바라보고, 스스로 자신의 세계를 만들어 갈 수 있도록 도와주어야 합니다. 어른이 아이 앞에 버티고 서서 자신을 통해 세상을 바라보고, 자신을 통해 세상으로 나갈 것을 요구하는 순간, 아이는 주체성을 상실하게 됩니다.

학생 아이 앞을 가로막지 말라는 말씀이군요.

교사 그렇습니다. 우리는 모두 주인입니다. 세상에 타인의 시선을 좇고, 발걸음을 따라야 할 종으로서의 존재는 있을 수 없어요. 남에게 얽매여 그 명령에 따라 움직이는 삶은 종의 삶입니다. 오직 따를 것은 자신의 뜻뿐인 거지요. 교육은 아이가 자신의 뜻을 세우고 자신이 세운 뜻을 따를 수 있는 아이로 성장할 수 있도록 돕는 일입니다. 아이가 자신의 눈으로 세상을 보고, 자신의 발로 세상을 걸을 수 있도록 돕는 일인 거지요. 여기에서 필요한 것은 아이의 욕구를 인정하고 지원해 주는 일입니다. 인정받은 아이는 당당히 자신의 발로 세상을 걷고 세상에 서게 됩니다. '하루의 3분의 2를 자신을 위해 쓰지 않는 사람은 노예다.'라고 니체는 말했지요. 아이를 어른이 짜 놓은 시간표대로만 움직이는 수동적인 존재로 만들지 말아야 합니다. 그것은 흥미도 개성도 필요 없는, 생각도 존재감도 없는 인간, 즉 노예를 만드는 일이 될 테니까요. 아이 스스로 자신의 시간표를 짤 수 있도록 해야 해요. 하루하루 주어진 시간을 자신의 의지대로 활용할 수 있어야 합니다. 아이 스스로 자신의 삶을 설계하고 살아갈 수 있도록 기회를 주어야 노예가 아닌 주인으로 성장하게 됩니다.

학생 간섭의 폐해에 대한 말씀으로 이해해도 될까요?

교사 그럼요. 아이의 삶은 지켜봄의 대상일 뿐입니다. 간섭하는 것은 삶을 훼방 놓는 일이에요. 어른은 훼방꾼이 아니잖아요. 어른은 조력자여야 합니다. 자신의 삶을 잘 가꾸어가는 좋은 주인으로 성장할 수 있도록 마음을 다해 도와야 합니다. 분명한 것은 아이들은 누구를 위한 존재가 아니라는 사실입니다. '학교의 명예'를 걸고 혹은 '부모나 교사의 명예'를 걸고 싸우는 전사가 아니라는 사실을 명심해야 합니다. 교육은 자신을 자신이 바라는 존재로 가꾸어가는 일일 뿐입니다.

아이의 공감을 얻는 교육인가

아이와 선생이 만나는 그 지점에서 아이의 꿈은 빛난다

교사 인간에게는 타인의 행동을 이해할 수 있는 능력이 있습니다. 인간은 타인의 행동을 관찰하는 것만으로도 그의 행동을 온몸으로 이해할 수 있다고 합니다. 이것이 인간을 공감empathy의 동물이라고 부르는 이유입니다. 교실에서도 아이의 공감이 필요합니다. 일방적이고 수동적으로 정보를 받아들이도록 요구하는 것으로는 공감을 얻기 어렵습니다. 쌍방향적이고 능동적으로 정보를 받아들이는 체험 행위는 모방자 자신의 의도를 적극적으로 반영시키기 때문에 쉽게 공감이 형성될 수 있다는 사실을 기억할 필요가 있습니다.

학생 선생님의 감정이나 의견 혹은 주장 등에 대해 학생들도 그렇다고 느낄 때 효율적인 교육이 가능하다는 말씀이지요?

교사 그렇습니다. 학생을 단순한 방관자 혹은 관객이 아닌 주인공으로 인정하고 주인공으로 대우할 때 수업은 효율적으로 이루어질 수 있다는 겁니다. 수업 시간은 교사가 아닌 학생이 지배하는 시간이 되어야 합니다. 학생들을 교육의 주인으로 인정하고 참여시키라는 말입니다. 교사 혼자만의 교육이 아니라 학생과의 공동 작업이 되도록 해야 합니다.

학생 교사 혼자서 행하는 교육을 문제 삼는 말씀이군요.

교사 그렇습니다. 교육의 중심에 아이를 놓아야 한다는 말입니다. 교육을 행하는 이유는 아이에게 있거든요. 이것이 아이를 외면한 교육을 교육이라 할 수 없는 이유입니다. 그것은 듣고 보는 이 없이 교사 홀로 펼치는 모노드라마에 불과합니다. 그리고 아이에 대한 고려 없이 펼치는 교육은 아이의 공감을 얻을 수 없습니다. 공감 없는 교육은 갈등과 충돌을 부릅니다. 지금은 옛 이야기가 되었습니다만 불과 몇 년 전만 하더라도 체벌 이야기가 심심찮게 일어났어요. 지금 생각하면 참으로 비인간적이고, 비윤리적이며, 비교육적인 부끄러운 일이 아닐 수 없습니다. 교칙을 두고 벌이는 교사와 학생 간 갈등 역시 부끄러운 풍속도입니다. 학교는 아이들의 공간이고 아이들이 주인입니다. 주인이 자신의 집에서 행해야 할 규정이 주인의 의사와는 상관없이 만들어지고 지키도록 강요받아서야 되겠어요? 규범을 지키는 것도 학생이고, 그것으로 인한 삶의 변화 또한 아이의 몫이기 때문에 어른의 주장에 대한 그들의 생각은 중요합니다. 아이의 생각과 판단이 어리석고 둔하다고 단정하면 그건 이미 교육이 아닙니다. 교문 앞에서 멈칫거리는 아이들의 발걸음이 무거운 것은 학교의 요구에 공감하지 못하기 때문이에요. 왜 이름표를 붙이고, 머리는 그렇게 깎아야 되고, 어떤 것은 소지하면 안 되는지에 대해 이해할 수 없기 때문입니다. 공감을 얻지 못하는 정책은 실패합니다. 움직임을 강제할 수는 있지만, 그것으로 인한 교육적 효과는 기대하기 어려워요. 오히려 아이의 성품에 상처만 입힐 뿐이지요. 아이들이 지켜야 할 규범이 있다면 아이에게 이해를 구하는 절차를 밟아야 합니다. 그것은 공감을 구하기 위한 절차입니다.

학생 교육이라는 이름으로 행해지는 행위가 학생의 공감을 얻지 못한 채 이루어진다면 학생들은 어떤 반응을 보이게 될까요?

교사 글쎄요. 상황에 따라 다르겠습니다만 공통적으로 학생들은 자신을 인정하지 않고 학대한다고 여길 가능성이 높습니다. 공감하지 못한 상황에서 무엇인가를 요구받으면 아이들은 어른들이 자신들을 함부로 대한다고 생각할지도 모릅니다. 아이의 공감을 얻기 위한 노력은 아이에 대한 존중이기 때문입니다. 공감은 상호존중의 문제인 거지요.

학생 공감을 얻지 못한 상황에서는 만족한 교육이 어렵겠다는 생각이 드네요.

교사 그럼요. 공감은 교육을 뒷받침하는 토대입니다. 공감을 얻지 못하는 교육은 아이의 성장에 해악을 끼치는 무서운 적일 수 있습니다. 사회 혹은 어른의 판단과 생각을 일방적으로 주입하는 교육을 어두운 시절로 기록하고 있는 역사를 보아도 공감의 교육적 중요성을 알 수 있습니다. 어른들은 자신의 생각에 대한 아이들의 감정과 의견 그리고 주장에 귀 기울이는지 돌아볼 일입니다.

아이의 자기형성에 도움을 주는가

신은 각자에게 삶의 색깔을 주었다.
아이를 타인 속에 가두지 마라

교사 교육의 주제는 '자기 자신'입니다. 교육은 '자신'을 깨닫고 새로운 '자신'을 만들어 가는 일이지요. '누구' 혹은 '무엇'처럼 되려는 것이 아닙니다. 독특한 자신, 자신만의 특별한 삶을 만들어 가는 일입니다. 자신을 있는 그대로 인정하고 허용해서 자신만의 삶을 만들려는 것이 교육의 이유입니다.

학생 그런데 '누구' 혹은 '무엇'처럼 되기를 요구하는 것이 현실 아닌가요?

교사 네, 그래요. 자신을 부정하라는 말처럼 들리는 이러한 요구가 당연하게 유통되는 것이 사실입니다. 하지만 이것은 옳은 요구가 아니에요. 그렇다고 다른 '누구' 혹은 '무엇'이 지니는 교육적 의미, 혹은 교육적 필요를 부정하는 것은 아닙니다. 교육적 의미나 필요는 분명합니다. 다만 참고용으로서의 의미 혹은 필요가 있을 뿐이라는 겁니다. 모방의 대상이 아니라 자신을 만들고 삶을 가꾸어 가는 과정에서 참고할 수 있는 자료일 뿐이라는 겁니다. 그러니까 자신의 관점에서 '누구' 혹은 '무엇'을 바라보아야 합니다. '누구' 혹은 '무엇'의 관점에서 자신을 바라보게 되면 그를 기준으로 자신의 변화를 모색하게 됩니다. 그를 닮아가게 되지요. 이렇게 될 때 자신은 점차 사라지게 마련입니다. 시간이 흐르면 자신도 모르는 사이에 자신은 사라지고 자신의 자리에 '누구' 혹은 '무엇'이 자리하게 됩니다. 다른 사람을 기준으로 자신을 바라보고 다른 사람에게만 관심을 둘 때 자신은 사라지게 됩니다. 무조건 다른 사람을 따르고 모방하는 것은 자신을 버리는 행위입니다. 타인에 대한 관심이 커질수록 자신은 관심 밖으로 밀려납니다. 결국 존재 자체를 잊게 되지요. 자신은 자신의 관심 속에서 자라게 마련입니다. 지금 자신의 모습은 자신이 쏟은 관심이 만든 결과입니다. 누구든 관심을 보이고 정성을 쏟은 만큼 성장합니다.

학생 타인만을 바라보도록 시선을 고정시키지 말라는 말씀이지요?

교사 그래요. 어른이 '성공한 인물'로 평가한 인물을 아이들에게 제시하고 본받기를 요구하는 것은 옳지 않습니다. '너도 그 사람처럼 되어라.'라는 것은 '너를 버려라.'라는 말과 크게 다르지 않아요.

그 아이를 인정하지 않는 말이에요. 그 아이다움을 허용하지 않는 것이지요. 아이는 허용하고 수용할 수 없는 존재라는 말이기도 해요. 성공이라는 수식어를 붙일 수 있는 삶만 인정할 수 있다는 거지요. 지금 '아이'의 모습은 인정할 수도 없고, 인정받을 수도 없는 삶이라는 말입니다. 인정받고 싶으면 '그 사람처럼 되어라.'라는 말이지요. 물론 이때 성공 여부를 판단하는 잣대는 어른이 제시하는 일방적 기준입니다.

학생 아이의 주체성을 인정하지 않는 거군요.

교사 그렇지요. 모든 인간은 주체적 존재지요. 누구의 삶을 따르는 것은 주체적 삶과는 거리가 있습니다. 오히려 노예적 삶에 가깝습니다. 그렇다면 '그 사람처럼 되어라.'라는 말은 주인의 지위에서 노예의 지위로 끌어내리는 일이 됩니다.

학생 학교에서는 성적이 높은 아이를 본받아야 할 대상으로 여기는 경향이 있잖아요.

교사 맞아요. 입시철이나 취업철만 되면 교문에는 아이들이 본받아야 할 이들의 명단이 내걸립니다. 특정 대학 입학, 특정 업체 취업, 특정 시험 합격 등 흔히 일류라는 학교나 기업에 입학하거나 취업한 이들이 본받음의 대상이 됩니다. 이들은 성공한 사람이라 칭송됩니다. 많은 대학과 기업, 시험 중 유독 특정 학교나 특정 기업 그리고 특정 시험만이 현수막에 적혀 높이 걸리는 행운을 누립니다. 그리고 아이들에게 성공한 인물, 그리고 본받아야 할 인물로 제시됩니다. 성공은 꿈의 성취를 말합니다. 본인이 원하는 삶을 사는 것이 성공인 거지요. 사회가 그리고 주변에서 아무리 갈채를 보낸다 해도 본인이 원하는 길이 아니라면 결코 성공일 수 없는 겁니다. 오직 권력과 자본을 획득한 삶만이 성공적 삶이라 가르치고, 그러한 삶을 살아가는 방법을 찾아주는 것이 교육이라면 그것은 사람을 살리는 교육이 아니라 죽이는 교육인 겁니다. 이것은 그 사람만의 독특한 능력과 꿈과 가치관과 적성과 홍미 등을 죽이는 일이지요.

학생 그 사람만의 독특한 특성을 성장시키고 그 자신의 특성을 통해 살아가는 것이야말로 성공적인 삶임을 가르쳐야 한다는 말씀이지요?

교사 그렇지요. 모든 사람들이 자신의 특성을 자랑스럽게 여기면서 살아갈 수 있도록 해야 합니다. 자신의 특성을 부끄럽게 여기고 감추게 해서는 안 됩니다. 그런데 어른이 만든 성공의 개념은 모든 아이들의 특성을 허용하지 않아요. 아이들의 특성을 등급으로 나누고 등급에 따른 위계를 만듭니다. 예를 들면 돈과 권력으로 등급을 나눕니다. 돈과 권력 획득에 유리한 특성이 상위에 속하는 등급이 되는 거지요. 그리고 상위의 등급을 지닌 자는 모든 사람들이 본받아야 할 대상이 되는 거고요.

학생 결국 자본과 권력과 가까운 사람을 본받음의 대상으로 만드는 것이군요.

교사 그래요. 자본과 권력의 획득 여부가 어른의 평가에서 성공의 기준이 되는 셈이지요. 그것은 아이들을 오직 자본만 바라보고 권력만 좇는 천박한 존재로 만드는 일이에요. 자본과 권력을 지닌 타인의 삶을 탐내게 만드는 일이기도 합니다. 탐욕은 돈과 권력 앞에 고개 숙여야 하는 비굴함을 요구하는 것이기도 하고요. 욕심은 화를 부르는 법이에요. 욕심은 자신을 제대로 볼 수 없게 만듭니다.

학생 자신이 아닌 타인을 좇는 삶을 가르치는 것은 교육을 오용하는 것이라는 생각이 듭니다.

교사 그렇지요? 교육은 자기 변화를 추구해요. 제 자리에 머무르는 삶을 거부합니다. 오늘의 자신과는 다른 내일의 자신을 원하는 거지요. 자기 변화는 자신을 새로운 존재로 만드는 일입니다. 자신을 발전적으로 변화시키려는 욕구는 자연스러운 일이에요. 이러한 욕구가 인간의 삶을 윤택하게 만듭니다. 교육은 바로 이러한 인간의 욕구를 충족시키는 힘이에요. 인간의 삶이 진보할 수 있는 것도 이러한 인간의 욕구를 충족시킨 결과입니다.

학생 인간이 내일을 꿈꿀 수 있고, 내일에 희망을 거는 것도 교육이 있기에 가능한 것이 아닌가 싶어요.

교사 옳은 말이에요. 인간의 변화는 교육을 통해 이루어지는 거니까요. 오늘의 자신을 내일로 옮기는 것이 교육이에요. 물론 자신이 바라는 모습을 하나하나 갖추어 가면서 내일로 그리고 그 다음으로 옮겨가는 거지요. 이렇게 변화를 추구하고 변화한 자신을 통해 미래를 만들어가는 것이 교육입니다. 교육 없는 변화는 가능하지 않습니다. 변화는 어떤 식으로든 교육을 통해 이루어집니다. 자신의 발전과 참다운 인간 형성을 위한 수단으로 교육을 말한 몬테소리Montessori, 1870~1952의 교육관이 이를 말해 줍니다. 자신의 발전은 교육의 결과라는 것이지요. 그러나 모든 교육이 더 낫고 더 좋은 상태로 나아가는 것은 아닙니다.

학생 교육이라는 노력 없이 이루어지는 삶에서 발전을 기대하기 어렵다는 말씀이지요?

교사 그렇습니다. 새로운 자신을 만들어 가는 것은 삶에 의미와 가치를 한 켜 두 켜 쌓아가는 일이에요. 자신을 새롭게 하려는 노력 없이 의미 있는 변화를 모색하기는 어렵습니다. 그러한 삶은 동물의 삶과 다르지 않아요. 인간은 새로운 자신을 만들려는 노력을 통해 비로소 새로운 자신과 만나게 됩니다. 그 노력이 바로 교육입니다.

교실은 아이 형성에 적합한 공간인가

모든 꽃은 자기 내면으로부터 스스로를 축복하며 태어난다.
- 골웨이 키넬(Galway Kinnell)

새둥지는 알이 지닌 가능성을 깨우는 장소다. 대지大地는 각종 씨앗이 지닌 가능성을 지지하는 터전이다. 강물은 수생생물이 삶의 기술을 연마하는 공간이다. 자연은 자기 안에 머물고 있는 미래의 존재를 느낀다. 지금의 나는 현재만이 아니라 먼 미래까지 포함한다.

교사 자연은 변화를 추구해요. 모든 생명은 자연 속에서 주어진 존재를 벗고 새로움을 추구합니다. 교실은 자신을 벗고 새로움으로 갈아입는 공간이고, 수련과 도전과 응전의 세계입니다. 자신이 느끼고 있는 미래의 존재를 끌어내는 공간입니다.

학생 교육의 창조적 기능을 말씀하시는 거지요?

교사 그렇습니다. 교육은 자기를 개선하고, 자기를 개조하기 위한 노력이에요. 교육은 개선, 개조의 수단인 겁니다. 이것은 교육에 대한 인간주의자들의 믿음이기도 해요. 에라스무스도 교육의 힘을 믿었습니다. 그리고 교육에게 인간을 만드는 힘을 부여했지요. 인간의 변화는 교육의 작용인 겁니다.

학생 인간은 교육이 만드는 거라는 말씀인가요?

교사 그럼요. 교육에 의해 인간은 어떤 존재로든 되는 겁니다. 인간은 교육의 작품인 거지요. '무례한 피조물은 교육을 통해 진정한 인간이 된다.'라는 것이 에라스무스의 생각입니다. 그리고 새로운 존재로의 변화를 위해서는 끊임없는 교육과 교육의 내용을 내면화하기 위한 반복 연습이 필요함을 강조해요. 인간은 자신이 원하는 모습으로 태어나지 않아요. 자신의 노력으로 만드는 겁니다. 인간은 인간으로 태어나는 것이 아니라, 만들어 지는 거지요. 물론 만드는 일은 교육이 합니다.

학생 교육이 얼마나 중요한지 잘 알겠습니다. 함부로, 고민 없이 해서는 안 될 일이군요. 누가, 무엇을 어떻게 해야 하는지 그 질과 양 그리고 방법 등을 세심히 따져서 해야 할 일이라는 생각이 들어요.

교사 물론입니다. 교육의 질이 인간의 질을 결정하거든요. 에라스무스는 부모가 자녀를 잘못 양육하는 것보다 부끄러운 일은 없다고 단언해요. 교육은 어른의 의무입니다. 교육만큼 큰 사랑은 없어요. 교육은 아이들이 자신을 새롭게 창조하고 새로운 자신과 만날 수 있도록 돕는 일입니다.

학생 그래서 교실에 주목하는 거군요. 삶을 만들어가는 교육이 행해지는 공간이니까요.

교사 그럼요. 교실은 창조와 만남이 교차하는 공간입니다. 교실에서 아이들은 성장합니다. 봄철 모판에서 모가 자라고 나무 묘목이 묘목장苗木場에서 자라 자신의 존재를 드러내듯 씨앗의 모습으로 들어온 아이들은 교실 안에서 자신의 존재를 드러냅니다. 그리고 때가 되면 묘목들이 새로운 삶의 터전으로 옮겨가 새로운 삶을 살아가듯 아이들도 새로운 삶의 터전으로 흩어져 자신만의 독특한 삶을 꾸려갑니다. '될성부른 나무는 떡잎부터 알아본다.'라는 속담이 있습니다. 성공적인 삶을 살아갈 사람은 어릴 적부터 다른 데가 있기 마련입니다. 떡잎으로서의 아이는 교실에서 형성됩니다. 어릴 적 아이는 교실에서 만들어 집니다.

학생 교실의 환경이 정말 중요하겠군요.

교사 물론입니다. 그래서 교실은 아이의 가능성이 제대로 싹트고 자랄 수 있는 환경이어야 합니다. 그냥 교실에 앉혀만 놓으면 저절로 자라는 것이 아닙니다. 자랄 수 있는 환경을 조성해 주어야 하는 거지요. 그것이 될성부른 나무를 만드는 일입니다.

학교는 세계를 향한 문門인가

학교는 세상에 이르는 사다리를 품고 있다

교사 학교는 단순히 교사의 지식과 경험만을 제공하고 받아들이도록 요구하는 수동적이고 제한적인 공간이 아닙니다. 학교는 아이들이 세계로 나아가는 문이에요. 더불어 아이들에게 세계를 안내하고 세계로 인도해야 합니다. 학교를 통해 아이들은 세계를 배우고, 세계를 이해하고, 세계인의 자질을 갖추어 갑니다. 오늘의 세계는 물론 어제의 세계와 다가올 미래의 세계에 대해서도 깨닫습니다. 이미 알고 있는 세계는 물론 그 누구도 걷지 않은 세계로 나아갈 채비를 갖추고 능력을 키웁니다.

학생 교육의 범위를 오늘의 세계와 기지既知의 세계로 한정짓지 말라는 말씀이군요.

교사 그럼요. 지금 눈앞에 펼쳐져 있는 사실, 이미 알고 있는 내용, 몸담고, 발 딛고 있는 세계에서 벗어나 사람의 흔적이 없는 세상을 배움의 대상으로 삼아야 한다는 말입니다. 배워야 할 세상은 미지의 공간입니다. 이미 알고 있는 세상이 아닙니다. 이미 알고 있는 세상으로 안내하는 것은 아이의 삶을 멈추게 하는 일입니다. 더 이상 눈을 키우고, 귀를 열고, 마음을 열어 세상을 탐구하고 길을 찾을 필요를 없애는 일입니다. 아이들이 걸어갈 길은 아이들 스스로 만들 수 있도록 기회를 주어야 합니다. 길이 아닌 곳에 넓고 화려한 길을 만들 수 있도록 힘을 주어야 합니다. 그 누구도 걸은 적 없는, 길 없는 세계에 내딛는 첫걸음은 두렵고 떨리고 때로는 힘에 겹고 위험할 수 있습니다. 두려움이 걷는 길을 막을 수도 있습니다. 그러나 안전을 추구하는 곳에서는 지적 발전이 이루어지기 어렵기에 위험하게 살라고 조언한 니체Nietzsche, 1844~1900의 말처럼 위험함과 두려움은 지체遲滯를 딛고 일어서 발전적 삶을 위해 거쳐야 할 의식임을 기억해야 합니다. 아이들이 그들의 삶을 펼칠 세상은 이미 밝혀진 세상이 아닙니다. 아이들이 나아갈 세계는 아무도 모르는 세계입니다. 정답이 있는 길이 아닙니다. 아이들이 나아갈 세계에는 준비된 정답이 없습니다. 아이들 스스로 정답을 만들어 가야 합니다. 이것이 교육에서 '이것만 알면 된다.'라는 제한을 하면 안 되는 이유입니다. 학교는 세계의 다양한 얼굴과의 만남을 주선해야 합니다. 세계와의 만남은 세계를 보고, 듣고, 말할 수 있도록 돕는 일입니다. 세계인은 학교에서 길러지는 겁니다. 세계로 나갈 모든 준비는 학교를 통해 이루어집니다. 학교는 세계인을 낳는 거지요. 학교는 세계인의 모태입니다.

학생 그러면 교실에서 교과서만을 통해 이루어지는 교육은 지양되어야 할 것 같네요.

교사 그렇습니다. 좁은 교실에서 교과서만을 보여주고 들려주는 것은 아이들의 시야를 좁히고 삶의 폭을 제한하는 일입니다. 더 높고, 더 멀리 볼 수 있는 기회를 빼앗는 일입니다. 눈이 있어도 볼 수 없고, 귀가 있어도 들을 수 없는, 불구로 만드는 일이에요. 그것은 성장을 위한 교육이 아니고 성장을 방해하는 일입니다. 책을 덮고 교실에서 나와 세계를 보여주어야 해요. 세계는 보는 이의 것입니다. 듣는 이가 주인이에요. 수업 자료가 교과서로 한정되어서는 곤란합니다. 교과서는 세계를 모두 담을 수 없어요. 그러므로 교과서만을 바라보도록 눈을 고정해서는 안 될 일입니다. 교과서만 바라보라는 것은 한쪽으로 치우친 '일방 교육'을 강요하는 일입니다. 일방 교육은 세상을 바라보는 시선을 왜곡하고 사물에 대한 오해를 부를 수 있다는 점에서 위험한 일입니다.

학생 교실은 단순히 교과서만을 보여주는 닫힌 공간이 아니라, 세상을 품고 세상을 향해 열려있는 열린 공간이어야 한다는 말씀이군요.

교사 네, 그렇습니다. 아이의 시야를 넓혀 세상을 보고 들을 수 있도록 해야 합니다. 세상에서 자신의 길을 만들 수 있도록 해야 합니다. 어른의 생각만을 정답으로 강요하는 교육 풍토에서는 어른의 생각 밖에 놓여있는 세상은 오답이 됩니다. 어른이 중심이 되어 설정한 내용과 경험과 지식만을 나열해 놓고, 기계적으로 받아들일 것을 강요하는 교육은 죽은 교육이에요. 생명력이 없습니다. 학교는 단순한 시멘트 구조물일 수 없습니다. 일정기간 머물러야 하는 수용소는 더더욱 아니지요. 학교는 아이들이 스스로 흥미를 발견하고 성장 동력을 개발할 수 있도록 생활 경험을 제공하는 곳이어야 합니다. 이곳에서 아이들은 자신을 발견하고 성숙해 갑니다. 세계로 나아갈 준비를 하는 거지요. 세계를 향해 나아가는 길에 장애를 제거하고, 발걸음에 힘을 주고, 그 노력에 찬사를 보내는 것이 어른의 몫이고, 학교가 존재하는 이유입니다. 교육은 길 없는 세계에 길을 만들 수 있는 능력과 용기를 심어주는 일입니다.

'기성 의존'을 요구하지는 않는가

인간은 스스로 자신의 정체성을 찾아야 한다

삶을 함부로 평가하지 마라. 성공 혹은 실패라는 평을 하지 마라. 잘 사는 삶 혹은 못 사는 삶이라 칭하지 마라. 삶에 성공과 실패라는 낙인을 찍지 마라. 삶에 성공과 실패는 없다. 모든 삶은 나름의 의미를 지닌다.

교사 우리 사회는 기성인에게 의존하는 현상이 갈수록 심화되고 있습니다. 이런 의존 현상은 창의적이고 주체적인 성장에 걸림돌로 작용할 수 있다는 점에서 우려스럽습니다. 자기의 개성을 발견하고 그 개성의 발휘를 통해 그 누구의 삶이 아닌 바로 자기 자신의 삶을 살아갈 수 있는 능력을 키워가야 할 아이들이, 이미 펼쳐져 있는 누군가의 삶을 그대로 모방하고, 그러한 삶을 살아가려 한다는 점에서 그렇습니다. 이러한 삶은 자신을 통째로 버리고 자기 의사나 행동을 주장하지 못하는 노예적 삶을 추구한다는 점에서 문제입니다.

학생 다른 사람이 아닌 바로 '자신의 삶'을 펼치라는 말씀이군요?

교사 그렇지요. 물론 내 삶을 펼치는 데 다른 사람의 삶을 참고하는 것은 있을 수 있습니다. 그러나 통째로 베끼는 삶을 경계하는 겁니다.

학생 다른 사람의 삶을 베끼는 것은 자신만의 삶을 펼쳐나가는 데 필요한 능력이 부족해서가 아닐까요?

교사 네, 그렇습니다. 바로 여기에 교육의 필요가 있습니다. 교육은 철저히 자신을 발견하고, 그 누구의 삶이 아닌 바로 자신의 삶을 스스로의 힘으로 추구할 수 있는 역량을 기를 수 있도록 돕는 일입니다. 교육은 사회의 눈치를 살피고 다른 사람과 비교하면서 정작 자신이 지닌 것을 부끄럽게 여기는 어리석음을 깨우쳐 주는 일입니다. 자신을 당당히 세상에 드러낼 수 있는 용기를 심어주는 것이 교육이에요. 교육은 자신을 사랑할 수 있는 마음을 길러주는 일입니다. 남과 비교하여 열등감을 갖고 웅크리고 비굴해지지 않도록 자신감을 심어주는 일입니다. 교육은 자신을 자랑스러운 존재로 생각하고 당당히 세상의 일원으로서 살아갈 수 있는 힘을 길러주는 일입니다. '누구를 본 받아라.'가 아니라 당당히 자기 자신을 볼 수 있는 용기를 심어 주어야 해요. 다른 사람의 눈치를 보지 않고, 눈을 크게 뜨고 떳떳하게 자신을 바라볼 수 있도록 도와야 합니다.

학생 '누구처럼'이 아니라 '자신처럼' 살아갈 수 있도록 해야 한다는 말씀이지요?

교사 그렇습니다. 다양한 사람들의 다양한 삶이 사회를 풍요롭게 만듭니다. 모두가 특정인의 삶을 모델로 모방하는 것은 퇴보하는 삶이고, 사회를 단순화하는 일입니다. 사회를 죽이는 일이지요. 그리고 성장하는 아이들의 삶을 피폐하게 만드는 일이기도 합니다. 그러므로 특정인의 삶에 의존하는 삶의 방식을 끊을 수 있는 힘을 길러주어야 합니다. 특정인의 삶에 쏠리는 현상은 아이들의 삶 전체 그리고 우리 사회 전체를 위기에 빠뜨릴 수 있다는 점에서도 간과할 수 없는 문제입니다. 어른 의존 심화는 아이들 발전의 걸림돌을 넘어 사회 전체를 위협할 수 있다는 위기의식을 가져야 해요. 교육은 이런 문제를 해소할 수 있는 다각적인 방안을 모색해야 합니다. 이제는 특정인의 삶을 모델로 제시하고 닮기를 요구하는 교육방식은 중단되어야 합니다. 모든 아이들이 당당하게 자신을 드러낼 수 있는 터를 마련해 주고, 드러난 모습이 어떠하든 모두 수용하고, 허용하고, 인정해 주어야 합니다. 그럴 때 아이들은 타인이 아닌 자기 자신으로 당당하게 성장할 수 있게 됩니다. 특히 특정인의 삶만이 성공적인 삶인 양 제시되고, 그렇지 않은 삶은 실패한 삶인 것처럼 가르치는 것은 아이들의 삶의 의지를 꺾는 일입니다. 누구든 자신의 삶에 자부심을 가질 수 있도록 모든 삶을 인정해 주어야 합니다.

학생 다른 누군가를 닮기를 요구하지 말라는 말씀이지요?

교사 그렇습니다. 어른들이 흔히 하는 말 있잖아요. "얘, 저 사람 좀 봐라. 이렇게 해서 언제 저 사람처럼 되겠니?" 이런 말을 들으면 아이들 가슴에는 찬바람이 불지요. 집에서 혹은 학교에서 흔하게 들을 수 있는 이러한 말은 이제 어른들의 입버릇처럼 굳어졌어요. 말은 욕망을 품기 마련입니다. 이 말 속에는 지금 아이의 모습을 부정하고 다른 누군가처럼 되기를 바라는 어른들의 욕망이 담겨져 있어요. 어른들은 아이들 가슴에 다른 누군가를 심어놓는 버릇이 있습니다. 어른이 바라는 이상적 인간이지요. 아이들은 자신도 모르는 사이에 자신이 아닌 다른 누군가를 가슴에 품고 살게 되는 겁니다. 지금 어른 앞에 있는 아이는 적어도 어른이 바라는 이상적 인간과는 거리가 멀어요. 그래서 아이의 가슴에 이상적 인간을 넣어놓고 닮기를 요구하는 겁니다.

학생 다른 사람이 되기를 바라는 거군요.

교사 물론입니다. 삶에는 정답이 없음에도 불구하고 다른 누군가의 삶을 정답으로 제시하는 것은 아이의 삶을 부정하는 일이지요. 만일 다른 사람의 삶을 살아갈 것을 요구받은 아이가 있다면 그 아이는 어떤 삶을 살아야 할까요? 어른은 아이의 삶을 인정해야 합니다. 그리고 아이의 바람대로, 아이의 뜻대로, 아이의 욕망대로 살아가도록 아이의 뜻과 욕망을 인정하고 허용해야 해요. 아이가 꿈꾸고 아이가 펼치는 삶이, 윤리를 해하고 공동체의 가치를 훼손하지 않는 한 어떤 형태의 삶이든 인정해야 하는 겁니다. 자신을 송두리째 버리고 어른의 바람대로 누군가를 모방해서 살아가는 것이 옳은 일일까요? 가능할까요? 바람직한 일일까요? 옳지도 가능하지도 않은 일입니다. 바람직한 일은 더더욱 아닙니다. 비윤리적이고 비교육적 요구입니다. 어른의 요구는 단순히 고통일 뿐입니다. 희망을 벗 삼아 감내해야 할 고통과는 거리가 있습니다. 합당한 이유도 없이 받아야 하는 비인간적인 벌입니다.

학생 다른 누구처럼 살도록 강요하는 것은 아이의 삶을 망가뜨리는 일이네요.

교사 그럼요. 그래서 아이 스스로 자신의 삶을 만들어 갈 수 있도록 도와야 한다는 겁니다. 삶의 방식은 정해져 있지 않아요. 다른 사람의 삶을 모방하는 순간 자신은 사라집니다. 아이에게 누군가를 닮으라는 이야기는 결국 자신이 아닌 다른 누군가의 삶을 살라는 말과 같아요. 아이가 누군가를 닮아갈수록 아이의 정체성은 사라지게 마련입니다. 교육은 정체성을 더욱 선명하게 만드는 일이에요. 교육은 다른 이들과 구별되는 자신만의 특성을 찾는 일이고, 그 특성을 키우는 일입니다. 자신을 더욱 자신답게 만들어가는 거지요. 닮기를 강요하는 것은 자신을 버리라는 말과 같아요. 아이의 삶은 아이의 몫입니다. 누가 대신할 수도 대신 해서도 안 되는 아이의 고유 영역입니다. 삶은 오직 자신이 만들어가는 자신의 작품이에요. 그들이 살아가는 삶과 그들이 살아갈 사회에 대해 어른이 이러쿵저러쿵 간섭하는 것은 옳지 않습니다. 간섭은 아이를 영원히 스스로 설 수 없는 불구로 만드는 일입니다. 아이 가슴에 심어 놓은 어른의 욕망을 거두어 들여야 합니다. 그것이 아이를 그들의 삶을 이끌어갈 주인으로 인정하는 일입니다.

아이들의 자유는 허용되는가

권위를 버려라.

\- 니일

교사 영국의 교육자인 니일Alexander Sutherland Neil, 1883~1973은 아이의 자유를 말합니다. 니일에게 있어 아이는 자유로운 존재이고, 자유로운 존재여야 합니다. 물론 방종과는 다릅니다. 상대를 존중해야 한다는 원칙 하에서 주어지는 자유거든요. 따라서 교사는 물론 그 누구도 아이의 자유를 방해할 수 없어요. 아이에게 어떤 강요도 해서는 안 된다는 것이 니일의 생각입니다.

학생 그러면 무질서해지지 않을까요?

교사 물론 어지럽고 혼란스럽게 느낄 수 있습니다. 그러나 그 혼란과 어지러움은 어른의 느낌일 뿐입니다. 어른의 생각과 다를 뿐입니다. 그것은 뒤죽박죽도 아니고, 어지러운 것도 무질서한 모습도 아닙니다. 아이의 본래 모습일 뿐입니다. 아이의 삶인 거지요. 어른의 생각과 다르고 어른의 뜻과 멀다는 이유로 어른을 거스르는 것으로 생각하고 어지러움 혹은 무질서로 표현하는 것은 아이의 삶을 송두리째 부정하는 겁니다. 질서를 강요하는 일인 거지요. 강요된 질서 속에 아이를 묶어두는 것은 폭력과 다름없습니다. 어른이 지닌 힘의 오용입니다. 아이의 생활을 바라보는 어른의 시선을 교정할 필요가 있습니다.

학생 어른과 아이의 관계는 어떻게 될까요? 너무 버릇없게 굴지는 않을까요?

교사 물론 염려스럽기는 합니다. 그러나 그 누구에게도 다른 사람의 자유를 해칠 자유는 없어요. 아이들도 어리다는 이유로 교사들을 괴롭히거나 귀찮게 할 수는 없는 일입니다. 아이의 자유뿐 아니라 어른의 자유 또한 중요하거든요. 교사이든 아이들이든 서로가 서로에게 짐이 되거나 생활에 장애가 되어서는 안 됩니다. 교사와 아이 혹은 어른과 아이는 서로의 자유를 존중해야 합니다. 어떤 이유로든 상대의 자유를 제약하거나 침해할 수 없습니다. 지배가 없는 자유가 보장되어야 한다는 말입니다. 타인의 권리와 자유를 침해하지 않는 한 아이가 선택한 대로 행동할 권리가 주어져야 합니다. 이처럼 다른 사람의 자유를 침해하지 않는 범위 안에서 자기의 생각을 펼치는 것이 니일이 말하는 자유입니다.

학생 니일이 생각하는 교육은 처음부터 끝까지 자유군요?

교사 맞아요. 자유는 니일이 말하는 교육의 대전제입니다. 교육은 그 어떠한 구속도 장애도 없는 자유로움 속에서 비로소 가능합니다.

학생 이렇게 자유를 강조하는 이유는 무엇인가요?

교사 아이에게 철저한 자유와 자치를 허용하기 위해서입니다. 니일은 아이에게 자유를 허용하는 교육이야말로 병든 사회를 구하고, 아이를 행복하게 하는 길이라고 믿었습니다. 아이가 무엇이 되어야 하고 무엇을 어떻게 배워야 하는지에 대해 어른의 입장을 강요하지 말라는 겁니다. 아이가 무엇이 되는 것은 아이의 자유입니다. 스스로 자신을 만들어 갈 자유를 허용해야 한다는 것이지요. 명령과 지시는 교육에서 배제되어야 한다는 입장입니다. 아이를 학교에 맞추는 것이 아니라 학교를 아이에게 맞추어야 한다는 것이 니일이 생각하는 교육입니다.

학생 자유롭게 가르치라는 말씀인가요?

교사 그렇습니다. 가르침뿐 아니라 배움도 자유예요. 교육은 그 자체로 자유인 거지요. 무엇을 누구에게 언제 어떻게 가르치든 간섭의 대상일 수 없습니다. 물론 배우는 내용도 시기도 방법도 주어지지 않습니다. 가르치는 자유와 배우는 자유는 교육의 필수조건인 겁니다. 아이는 배움의 대가로 구속받고, 통제와 억압 속에서 생활해야 하는 존재가 아닙니다. 아이의 자유는 양도할 수 없는 권리예요. 자유는 교육의 근본적 조건인 겁니다.

학생 자유를 말씀하시는 건 아이들을 어떤 식으로든 구속하지 말라는 말씀인 건가요?

교사 그렇습니다. 교육의 목적은 자유예요. 당연히 수단도 자유로워야 되는 거죠. 학교에서 무지無知의 제거를 위해 노력하는 것은 무지는 자유를 제약하기 때문입니다. 무지는 자유를 제한할 뿐 아니라 생각의 폭도 좁게 해요. 세상을 보는 시야도 물론 좁아집니다. 무지하면 보고 듣는 것에 제약을 받을 수밖에 없어요. 교육을 통해 정보나 지식을 갖추고 어떤 사실이나 존재에 대해 깨닫고 느끼게 되면 사고의 폭이 넓어집니다. 세상을 보는 시야가 넓어지는 거지요. 이처럼 무지를 벗으면 눈과 귀의 기능이 향상되고 더불어 사고의 힘 또한 커지게 됩니다.

학생 무엇에 대해 안다는 것은 삶의 공간이나 영역을 넓히는 일이라는 생각이 드네요.

교사 옳아요. 교육은 보다 넓은 곳에서 많은 것을 듣고, 볼 수 있는 힘을 줍니다. 세상뿐 아니라 자신 또한 제대로 볼 수 있고 들을 수 있도록 돕지요. 결국 교육은 자신을 찾고 세상을 발견하는 일입니다. 그리고 발견한 자신을 성장시키는 일이지요. 중요한 것은 아이들이 스스로를 발견하고 성장해 가는데 제약을 가하지 말라는 말입니다. 발견과 성장에 철저한 자유를 보장하라는 거지요. 아이들은 눈치 볼 일이 없을 때 자신을 마음껏 드러내고 자신을 표현할 수 있게 됩니다.

학생 그러니까 자유는 아이들이 자신을 깨닫고 발전시킬 수 있는 조건인 셈이네요.

교사 물론입니다. 자유 없는 교육은 있을 수 없는 일입니다. 처음부터 끝까지 자유로워야 되는 겁니다. 교육의 목적이 자유라면 교육의 시작은 물론 과정 일체가 자유로워야 하는 거예요. 끝과 시작은 하나이기 때문입니다. 아이들은 자유로움이 주어질 때 비로소 자신을 바라보고 자신과 대화하고 자신의 현재와 미래를 내다보고 개척할 수 있게 됩니다. 강력한 권위의 울이 둘러쳐진 환경이라면 아이들은 자신을 잃고 권위자의 힘에 의존하게 마련입니다.

학생 권위를 받아들이는 순간 아이들의 자유는 사라진다는 말씀이군요.

교사 맞아요. 권위는 자유를 구속해요. 권위를 그대로 받아들이는 것은 지배에 대한 복종인 겁니다. 교육은 누구 혹은 무엇을 위한 존재자를 양성하는 일이 아닙니다. 자신을 위해 자신을 만드는 일이에요. 자신을 위한 자신의 도구화인 셈이지요. 자신을 위해 가장 적합하고 유용한 존재로 스스로를 탈바꿈시키는 과정이 교육입니다. 자신을 변화시키는 힘은 물론 자신에게서 나옵니다. 타인의 힘은 타인이 변화를 주도합니다. 이것이 타인의 권위를 문제 삼는 이유입니다. 아이들에게 강한 힘으로 작용하는 다양한 권위는 아이들의 성장을 가로막는 강력한 장애가 됩니다. 가장 가까이에서 아이들의 자유를 구속하는 부모와 교사들의 권위부터 거두어 들여야 합니다. 아이들 앞에 펼쳐져 있는 부모와 교사들의 권위가 강하면 강할수록 아이들의 자유는 움츠러들고 왜소화되어 결국 소멸합니다. 아이는 교육의 주체로 자신의 성장을 주도해야 합니다. 그러기 위해서는 적어도 교사와 부모에게 예속되지 않고 동등한 권리를 가져야 합니다. 거듭 말하지만 교육은 자유의 확대입니다. 교육은 자유의 양이 확대되어가는 과정이에요. 교육이 아이들이 자유로운 존재로 성장하는데 도움이 되는지, 아이의 자유를 제한하는 것은 무엇인지, 어른이 제공하는 교육 환경이 아이들이 자신을 자유롭게 드러낼 수 있는 환경인지 등에 대한 교육적 고민은 어른에게 주어진 과제입니다.

어른의 생각으로 아이의 꿈을 재단하지는 않는가

교육은 해방운동이다
- 엘렌 케이

교사 자유주의 교육 사상가인 엘렌 케이Ellen Key, 1849~1926는 아이들의 해방을 이야기합니다. 무엇으로부터의 해방을 이야기하는 걸까요? 부모요, 교사요, 가정이요, 사회입니다. 어른들은 그들이 만든 가정에서 그리고 사회에서 아이들을 억압하고 탄압하고 옥죈다는 것이 엘렌 케이의 진단입니다. 마치 구속이 아이들을 위한 교육인 것처럼 어른들은 행동한다는 겁니다. 엘렌 케이는 어른 마음대로 아이들을 만들어 가는 것을 경계합니다. 아이의 삶이 어른들의 삶인 양 아이들의 삶을 깎고, 썰고, 자르고, 붙이는 것을 염려하는 거지요. 교육이라는 미명하에 아이들을 어른들 입맛대로 요리하지 말라는 겁니다. 이렇게 되면 아이들의 삶 속에 정작 아이들은 없게 됩니다. 어른 중심의 기성교육은 아이들의 삶을 재료로 어른들의 삶을 살아가려는 시도일 뿐입니다.

학생 아이를 있는 그대로 인정하라는 말씀인가요?

교사 그렇습니다. 엘렌 케이는 개성 존중을 교육의 출발로 생각해요. 그가 생각하는 교육의 목적은 아이들이 자유롭고 독립적인 개체로 발달하도록 하는 겁니다. 엘렌 케이의 교육은 자발성을 전제로 합니다. 간섭을 배제하는 거지요.

학생 엘렌 케이에게 있어 교육은 곧 자유인 셈이네요.

교사 그래요. '자유, 속박으로부터의 해방'은 '교육은 왜 하는가?'라는 질문에 대한 엘렌 케이의 대답입니다. 속박은 삶을 훼손하는 일이거든요. 교육은 자신의 의지대로 자신의 힘으로 스스로를 만들어갈 수 있는 터전을 마련해 주는 일입니다. 아이의 삶을 지지하고 지원하는 일이에요. 아이의 삶을 어른이 움켜쥐고 어른의 뜻을 일방적으로 주입하는 것은 아이에게 어른을 심는 일입니다. 아이들 스스로 꿈을 꾸고 생각하고 필요와 욕구를 펼치고 선택할 수 있어야 합니다. 아이들의 삶은 아이들의 것입니다. 교육은 자신을 옥죄는 일체의 것으로부터 벗어나, 자신에게 자신의 의지를 심고 성장시키는 일입니다. 교육은 해방운동인 셈이지요.

학생 아이들을 해방시키라는 말씀이군요.

교사 그렇지요. 아이의 본성을 억압하고 다른 사람의 본성으로 대체하는 것은 교육 상 범죄라는 것이 엘렌 케이의 생각입니다. 아이들의 삶을 아이에게 돌려주어야 한다는 겁니다. 어른이 주인 행세를 하는 것은 한 인간으로서의 아이를 억압하는 것이고, 인간으로서 지녀야 할 아이의 권리마저 부인하는 일입니다. 아이의 삶은 어른의 삶의 일부도 아니고, 어른들의 삶을 이어받아 살아가는 것도 아닙니다. 아이들의 삶은 아이들이 주인인 아이들의 삶일 뿐입니다. 아이들의 삶은 지금 아이들에 의해 만들어집니다. 삶은 시대의 변화에 맞추어 변하고 삶의 변화는 또 새로운 시대를 창조합니다. 변화한 시대, 변화한 삶에 과거의 가치와 과거의 삶의 방식과 정신을 주입하려는 어른의 태도는 폭력에 가깝습니다. 아이들이 스스로의 삶을 꾸려가는 것은, 비난의 대상도 힐난의 대상도 아니에요. 아이들의 시대는 당연히 아이들이 주인공입니다. 아이들의 시대에 아이들이 자신의 삶을 펼치는 것은 지극히 당연한 일이지요. 어른들은 그들의 삶에 개입해서는 안 되는 겁니다. 아이들이 자발적이고 주체적으로 자신들의 삶을 펼칠 수 있도록 그들의 삶을 보살펴 주어야 해요. 적극적으로 지지하고 지원해야 하는 겁니다.

학생 아이들을 주인 대접하라는 말씀이지요?

교사 물론입니다. 아이가 살아가는 시대는 아이의 시대예요. 어른의 시대에 아이들이 얹혀 살아가는 것이 아닙니다. 어른들만의 시대라는 생각을 버려야 해요. 시대의 주인은 그 시대에 몸담고 있는 모든 세대인 거지요. 그러므로 어른들은 자신들이 만들어 놓은 세계에 마치 아이들이 세를 사는 것처럼 주인 행세를 해서는 안 된다는 말입니다. 세계는 어른들만의 것이 아니잖아요. 세계는 특정인의 소유 대상이 아닙니다. 다만 어른들의 삶의 흔적들이 많이 남아 있을 뿐이지요. 흔적을 남겼다고 주인일 수는 없습니다. 그 흔적은 아이의 삶에 긍정적으로만 작용하는 것은 아닙니다. 오히려 부정적으로 작용하는 경우도 많습니다. 아이들의 삶에 치명적인 손상을 입힐 수 있는 험악하고 추잡한 흔적들도 많습니다. 이러한 부정적 요소들을 제거하는 것이 어른들이 해야 할 일인 겁니다. 부정적 흔적들을 그대로 둔 채, 아이들에게 그러한 세계에 적응하고 어른들이 만들어 놓은 세계를 듣고, 보고, 배우고, 적응하면서 살라는 것은 횡포지요.

학생 그런데 아이들은 약하기 때문에 어른의 말씀을 거역하기 어렵지 않나요?

교사 물론이에요. 그래서 아이에 대한 애정이 절실한 겁니다. 아이의 나약함을 이용하여 인간으로서 누려야 할 기본적인 권리나 자유는 물론 의사나 행동까지 간섭한다면 아이는 주체성을 잃게 됩니다. 아이는 인격의 존엄성마저 상처를 입으면서 어른이 추구하는 어떤 목적에 얽매이게 되겠지요. 그것은 아이에 대한 애정이 없는 거예요. 아이들은 자신들의 생각과 능력으로 그들만의 세상을 만들어 가는 겁니다. 아이들 앞에 어른의 세계를 펼쳐 놓고 강요하는 것은 자신의 세계를 만들어 가는 아이들을 방해하는 일입니다. 아이들이 걷는 길을 막아서는 일이에요. 어른이 해야 할 일은 아이들이 걷는 걸음에 격려와 박수를 보내고, 아이 앞에 놓여 있는 장애를 거두어 주는 일입니다. 아이의 생각과 판단에 대한 신뢰가 부족한 어른은 아이 앞에 서서 길을 안내하고 자신을 따를 것을 요구합니다. 그러나 아이 앞에 서 있는 것은 그 자체로 아이가 걷는 길에 심각한 장애가 됩니다. 어른의 생각으로 아이들의 생각을 판단하고 평가해서는 안 된다는 거지요. 어른의 자리는 아이의 앞이 아닙니다. 어른이 있어야 할 곳은 아이의 뒤입니다. 그리고 아이에게 어른의 꿈을 주입하는 순간 아이의 꿈은 늙습니다. 아이의 삶에서 아이의 꿈이 아닌 어른의 꿈이 자라기 때문입니다. 아이는 어른의 꿈을 이루어 주는 어른의 대리인이 아닙니다. 아이의 꿈을 펼칠 아이의 둥지에 뻐꾸기처럼 어른의 꿈을 넣어서는 안 됩니다. 아이가 순수한 자신들의 꿈을 펼칠 수 있도록 도와야 하는 거지요. 어른은 지지자로서의 역할이면 족합니다. 칭찬과 격려가 어른의 몫입니다. 아이의 꿈을 무시하고 어른의 꿈을 일방적으로 강요하면 아이는 꿈을 잃습니다. 그리고 아이는 자신이 아닌 다른 누구의 아이가 됩니다. 주체적 존재에서 객체적 존재로 전락하게 되는 거지요. 그러면 아이의 꿈은 사라지고 어른이 생각하고 만든 낡고 늙은 꿈만 만지작거리게 됩니다. 어른은 정직하게 물어야 합니다. 아이에게 어른을 주입하지는 않는지, 아이들 위에서 군림하지는 않는지, 어른은 자신들의 판단과 생각을 강요하지는 않는지, 아이들을 단순히 기성세대가 만들어 놓은 세상의 부속물로 바라보는 것은 아닌지, 교사의 권위가 지니는 교육적 의미는 무엇인지, 어른이 일방적으로 꿈을 만들고 필요와 욕구를 규정하는 것은 아닌지를 물어야 합니다.

수업은
누구를 위한 활동인가

수업은 아이들에게 베푸는 성찬이다

교사 수업은 교사를 위한 시간이 아닙니다. 교사들이 자신의 지식을 진열하고 과시하고 판매하는 시간이 아니에요. 교사들이 자신들의 다양한 욕구를 충족시키고 교사의 욕구를 위해 아이들을 이용하는 시간은 더더욱 아닙니다. 수업은 전적으로 아이들을 위한 시간이에요. 교사들이 아이들을 위해 헌신하고 봉사하고 희생하는 시간입니다. 아이들의 다양한 욕구를 위해 헌신적으로 뛰어다녀야 하는 성스러운 시간이지요. 교사들은 보는 것도, 말하는 것도, 행하는 것도 아이들을 위한 것입니다. 아이들이 중심이고 아이가 주인인 시간입니다. 이것이 좋은 수업입니다.

학생 그럼 수업은 아이들이 이끌어 가야 되는 건가요?

교사 그럼요. 교사의 가르침은 적을수록 좋은 거에요. 가르침이 많으면 많을수록 아이가 차지하는 비중은 줄어들게 마련입니다. 많은 가르침은 아이들의 자연성 성장을 가로막고 자연적인 힘을 약화시킵니다. 교사가 활동 범위를 넓히면 넓힐수록 스스로 생각하고 판단하고 자신의 삶을 계획하고 이끌어 가야 할 아이들의 활동의 폭은 줄고 아이의 힘 역시 약해지기 마련입니다.

학생 학생을 수업의 중심에 놓으라는 말씀인가요?

교사 그렇습니다. 교사가 일방적으로 이끌어 가는 수업은 아이들을 노예로 만드는 일이거든요. 교사의 사고, 가치관, 관점, 판단, 흥미 등이 아이에게 그대로 흘러가게 됩니다. 아이의 사고나 가치관이 성장하기도 전에 어른의 사고가 지배하게 된다는 말입니다. 자연히 교사의 사고를 정답으로 생각하여 그대로 추종하는 존재가 됩니다. 그러므로 교사 중심의 수업은 사고의 노예화라고 해도 지나치지 않은 겁니다. 그것뿐 아니지요. 아이의 생활은 교사의 입맛에 맞는 생활로 변질되고 아이의 생활조차 아이의 것이 아닌 교사의 생활로 변하게 돼요.

학생 교사가 차지하는 비중이 크면 좋지 않다는 말씀이군요.

교사 그렇습니다. 일방적으로 끌고 가는 가르침은 의존적인 삶을 살게 만듭니다. 많은 가르침은 오히려 많은 것을 앗아가요. 많은 것을 잃게 만드는 일입니다. 지나친 가르침은 보태는 것이 아니라, 오히려 빼앗고 사라지게 한다는 거지요. 무언가 자라날 기회조차 얻지 못하게 됩니다.

학생 교사는 앞에서 이끄는 존재가 아닌 뒤에서 도와주는 존재라고 이해하면 될까요?

교사 네, 그래요. 여기서 우리는 아이를 하나의 인격으로 존중 받아야 할 존재라고 여긴 몬테소리의 말을 들어볼 필요가 있습니다. 그는 교사가 아이의 숨겨진 힘을 알아내어 칭찬하고, 그 힘의 성장을 돕고, 보조하겠다는 의도를 가지고 겸손히 다가가야 한다고 말합니다. 이 말에서 어른이 귀 기울여야 할 말은 돕는다는 것과 겸손입니다. 어른은 돕는 자입니다. 그것도 겸손한 태도로 말이지요. 그렇게 하면 아이의 진정한 품성이 내면의 힘을 가지고 우리 앞에 드러날 것이라는 것이 몬테소리의 생각입니다. 고압적인 자세로 아이들 앞에 서는 것은 그 자체가 교육과는 거리가 멉니다. 아이들은 교사를 믿고 인생의 한 부분을 맡기고 있는 겁니다. 교사의 능력에 아이의 삶이 걸린 것이나 다름없어요. 그러고 보면 교사라는 직職은 두렵고 떨리는 일이지요. 교사를 믿고 자신의 삶을 의탁한 아이들에게 위압적 모습을 보이는 것은 있을 수 없는 일입니다. 여기에서 '교육의 비결은 교육하지 않는

데 있다'는 엘렌 케이의 가르침을 되새겨 볼 필요가 있습니다. 우리의 교육이 강압적이고 억압적이지는 않는지, 억지를 부리고 강제가 횡행하지는 않는지 살펴야 합니다. 어른의 생각만이 어른의 소리를 타고 흐르는 교실에서는 아이는 성장할 수 없습니다. 아이의 힘은 점점 약해지게 마련입니다.

버려지는 능력은 없는가

억울한 능력은 없어야 한다

매일 아침 동네 한 구석진 곳에 자리한 공터를 지난다. 잡초가 무성하고 온갖 쓰레기가 마구 버려져 있다. 그 누구에게도 관심 받지 못하는 '쓸모없는' 땅이다. 온갖 색깔로 장식한 크고 화려한 옆 건물들에 가려 초라함이 더하다. 그러던 땅에 어느 날 중장비가 들어오고 인부들이 들락거리더니 초라함은 온데간데없고 반듯한 집터로 변신했다. 그리고 하루하루 변신에 변신을 거듭하고 1층 2층… 높이를 더하더니 옆 건물에 비해 조금도 손색없는 훌륭한 건물이 들어서고 외면 받던 땅은 소중한 땅으로 거듭났다. 그곳의 가치를 발견한 누군가의 생각이 쓸모없는 터를 쓸모 있는 터로 바꾼 것이다.

교사 쓸모는 관심으로부터 생겨납니다. 이 세상에 쓸모없는 것이 있을까요? 쓸모는 쓸모를 찾으려는 노력으로 생겨납니다. 아이들의 쓸모는 아이들 스스로의 노력으로 찾아집니다. 어른은 아이들 스스로 자신의 쓸모를 발견하고 쓸모를 실현할 수 있는 여건을 제공해야 합니다. 쓸모를 찾는 아이들의 노력에 힘을 보태는 일이 어른의 쓸모입니다. 마크 저커버그Mark E. Zuckerberg, 1984~는 딸이 태어나자마자 딸에게 편지를 썼다고 합니다. 자신의 딸이 살아갈 세상에 대한 꿈과 그러한 세상을 만들기 위한 약속이 담긴 편지였습니다. '모든 부모들처럼 우리는 네가 지금보다 더 나은 세상에서 자라나기를 바란다. 그 세상은 모든 인류가 잠재력을 실현할 수 있어야 하고, 평등해야 한다.'는 내용이었습니다.

학생 정말 모든 사람들이 자신의 잠재력을 발견하고 '쓸모'를 찾아 실현해 가는 삶을 살 수 있었으면 좋겠습니다.

교사 그렇지요. 자신을 실현해 가는 삶이야말로 삶을 의미 있게 만드는 것이지요. 그리고 삶의 의미는 '쓸모'가 결정해요. 언제 어디에서 어떤 식으로든 쓸모가 있는 인간이어야 삶은 의미를 갖게 마련입니다. 이 쓸모는 잠재력에서 나옵니다. 그리고 다행스러운 것은 누구에게든 잠재되어 있는 능력이 있다는 사실입니다. 문제는 누구에게나 자신의 잠재능력을 발견하고 발휘할 기회가 주어지는 것이 아니라는 겁니다. 교육의 필요가 여기에 있습니다. 교육은 잠재력을 발견하고 발휘할 기회를 제공하는 일이거든요. 교육은 잠재력 발견의 기회고 잠재력 성장의 기회이며 쓸모를 갖추는 기회예요. 교육을 통해 찾아지고 성장한 잠재력은 개인의 삶을 가꾸어 가는 원동력이 됨은 물론 사회의 발전을 이끄는 힘이 됩니다.

학생 그런데, 아무리 잠재력을 발견하고 성장시켜도 사회가 개인의 잠재력을 인정하지도 허용하지도 않을 뿐 아니라, 발휘할 기회조차 제공하지 않는다면 그 잠재능력은 무용지물이 되고 마는 것 아닐까요?

교사 정말 중요한 지적입니다. 사회의 필요와 경제적 효용을 앞세워 개인의 능력을 평가하고 수용 여부를 결정한다면, 그것은 삶의 다양성을 저해하는 일이고, 사회의 풍요를 해치는 일이며, 삶의 의미와 사회적 가치를 떨어뜨리는 일입니다. 따라서 사회는 개인이 교육을 통해 발견하고 성장시킨 모든 능력을 수용하고 인정하고 허용해야 합니다. 그리고 개개인이 자신의 능력을 활용할 수 있는 기회를 주어야 합니다. 개인이 발견하고 성장시킨 능력이 무엇이든 그것은 개인의 삶을 형성하는 중요한 요소이고 삶의 조건입니다. 따라서 능력을 허용하고 인정하는 것은 특정 개인의 삶을 허용하고 인정하는 일과 같습니다. 각 개인이 지닌 다양하고 복잡한 능력을 허용하고 성장할 수 있도록 돕는 일은, 개인의 능력이 지닌 쓸모에 대한 인정이고 그것은 곧 삶이 지닌 쓸모와 가치에 대한 인정이 되는 겁니다.

학생 아이들의 능력을 모두 인정하고 허용하라는 말씀이군요.

교사 그렇지요. 인간의 능력 중에서 불필요한 능력은 없습니다. 인간이 지닌 능력을 특정인의 일방적 잣대로 평가하고 가르는 것은 삶 자체에 대한 모독일 수 있습니다. 삶 자체에 쓸모없는 삶이라는 낙인을 찍는 일이 될 수도 있다는 점에서 그렇습니다. 물론 시대마다, 상황에 따라, 사회가 더 필요로 하는 능력은 있을 수 있습니다. 그러나 '당신의 능력은 쓸모없다.'라고 단언할 수 있는 불필요한 능력은 없습니다. 지금 이 시대가 필요로 하는 능력이 아니라고 해서 쓸모없는 것은 아닙니다. 그리고 능력이 지닌 쓸모는 없는 것이 아니고 찾지 못하는 것임을 알아야 합니다. 능력은 능력의 쓰임새를 찾을 때 비로소 쓸모 있는 능력이 되는 겁니다. 쓸모를 찾지 못하면 아무리 훌륭한 능력일지라도 쓸모없는 능력이 되는 거지요. 가치 없는 풀로 평가되어 이름조차 얻지 못해 '잡초'라 불리고, 이곳저곳에서 천덕꾸러기 대접을 받고, 뽑혀 버려지기 일쑤인 풀들이 정말 가치가 없는 것일까요? 가치가 없는 것이 아니고, 인간이 그 풀의 가치를 발견하지 못한 것은 아닐까요? 중요한 것은 풀은 인간의 삶에서 쓰이기 위해 존재하는 것이 아니라는 겁니다. 풀의 가치는 인간에게 있는 것이 아닙니다. 인간에게 가치를 평가받을 이유가 없는 겁니다. 풀의 쓸모는 자연계에 있습니다. 자연계의 관점에서 바라볼 때 풀의 가치는 달라집니다. 보이지 않고, 알 수 없다고 해서, 정말 가치가 없는 것은 아닙니다. 가치를 발견할 능력이 부족한 사람에게는 아무리 가치 있는 물건일지라도 무가치한 물건일 수밖에 없습니다. 사물의 가치는 가치를 볼 줄 아는 사람에게서 빛을 발휘하게 마련입니다. 교육은 아이들이 지닌 능력을 찾고 그 능력이 쓰이게 될 분야나 부분을 찾는 일입니다. 아이들이 지닌 능력의 쓸모는 교육을 통해 찾아지고 다듬어지고 성장합니다. 만일 아이의 능력을 발견하지 못한다면 아이는 무능력한 존재가 될 수 있습니다. 능력은 있으나 발견하지 못한 결과는 무섭습니다. 한 아이의 삶에 지울 수 없는 상처가 되고 더 할 수 없이 끔찍한 결과로 이어질 수 있습니다.

학생 교육은 아이들이 지닌 능력의 쓸모를 찾는 것으로부터 시작된다고 생각해도 될까요?

교사 그럼요. 교육의 전제는 '쓸모없는 능력은 없다.'라는 겁니다. 세상에 불필요한 사물이 없는 것과 같은 이치입니다. 세상 삼라만상 모든 것은 나름의 존재 의미를 지닙니다. 지금 사회가 쓸모와 필요를 찾지 못했다는 이유로 불필요하고 쓸모없는 능력으로 치부하는 것은 아이의 삶을 망가뜨리는 일입니다. 이처럼 아이의 능력은 사회가 어떻게 인식하느냐에 따라 능력의 유무가 결정됩니다. 사회가 인정하는 능력을 지닌 아이는 능력인으로, 사회로부터 인정받지 못하는 능력을 지닌 아이는 무능인으로 취급받게 되는 거지요. 기성인들이 사회의 필요를 근거로 아이의 능력을 평가하고 줄 세우고 가치를 부여하는 것은 아이에게 자신을 버리라고 강요하는 것과 다름없습니다. 능력을 인정받기 위해서는 무리를 해서라도 사회가 인정하는 능력을 갖추라는 것과 같은 말입니다. 없는 능력일지라도 만들어내라는 것이지요. 이러한 요구는 억지입니다. 삶은 억지로 살아갈 수 없는 일이지요. 자신이 지닌 주체적인 능력을 버리고 기성인의 입맛에 맞는 능력을 갖추도록 종용하는 것은 폭력이나 진배없는 일입니다. 모든 능력을 인정해 주고 허용해 주어야 해요. 어떠한 능력이든 인간다운 삶을 위해 필요한 능력이며, 그러한 능력은 사회 발전에 필요한 능력임을 인정해 주어야 합니다. 그리고 그러한 능력을 마음껏 발휘하며 살아갈 수 있는 터전을 마련해 주어야 하고요. 아이의 능력에 가치를 부여하는 것은 인간 자체에 대한 가치부여와 같습니다. 아이의 능력을 인정하지 않는 것은 아이 자체에 대한 부정입니다. 따라서 아이들의 능력에 가치를 부여하는 순간 아이들의 삶은 가치 있는 삶으로 거듭나게 됩니다.

학생 사회가 인정해 주는 능력은 몇 가지로 정해져 있는 것 같아요. 명예나 권력 그리고 자본 아닐까요. 특히 돈을 벌 수 있는 능력을 가장 가치 있는 능력으로 대우하는 것이 아닌가 싶어요.

교사 그렇다면 문제예요. 자본 획득에 유리한 능력만을 능력으로 인정하고 자본 획득에 불편하거나 어려운 능력은 가치 없는 능력으로 치부하는 식의 발상은 비인간적이고 비교육적인 생각입니다. 아이들의 능력을 자본 획득의 수단으로만 보는 것은 아이들의 삶을 자본의 노예로 만드는 것과 같습니다. 자본이라는 잣대로 능력을 평가하게 되면 교육은 자본벌이에 필요한 능력을 얻기 위한 수단으로 변질되고 아이는 자본 획득을 위한 도구로 전락하게 됩니다. 그리고 학교는 자연스럽게 효율적이고 경제적인 돈 벌이 방법과 그 길을 안내하는 창구로 역할이 변질되게 됩니다. 사회가 자본 획득 능력만을 가치 있는 능력으로 인정하고 칭송한다면 학교는 교육이 걸어야 할 본래의 길을 걷기 어려워지게 되는 겁니다.

학생 자본과 능력을 결부시키면 학교는 자본 획득에 유리한 능력을 지닌 아이만을 특별히 대우하게 되는 경우도 발생할 것 같아요.

교사 충분히 가능한 이야기입니다. 학교는 모든 아이가 공유하는 모든 아이의 교육을 위한 공간이지요. 특정한 능력을 지닌 아이만을 위한 공간이 아닙니다. 자본 획득에 유리한 능력만을 중시해서 그러한 능력을 지닌 아이에게만 특별한 혜택이 돌아가는 공간이어서는 안 된다는 겁니다. 다양한 능력을 지닌 아이들이 그들의 능력을 함께 키워가는 공간이어야 하는 거지요. 학교는 아이들 모두에게 의미 있는 공간이어야 하는 겁니다.

학생 능력을 차별하지 말라는 말씀인 거지요?

교사 그렇습니다. 가치 없는 능력은 없으니까요. 능력은 모두 소중하고 평등한 겁니다. 학교는 아이의 힘이 어떤 것이든 그 힘에 자긍심을 가질 수 있도록 격려해 주고, 그 힘을 키워가고, 힘이 성장할 수 있도록 적극 지원해야 합니다. 아이의 능력을 어른의 입장에서 평가하여 아이의 능력을 무가치하게 만드는 것은 아이의 삶을 훼손하는 일이기 때문입니다.

아이의 시간을 통제하는 일은 없는가

어른의 시선은 때로 아이를 옥죄는 족쇄다

교사 아이들은 참 바쁩니다. 해야 할 일도, 가야 할 곳도 많습니다. 새벽부터 밤늦은 시간까지 늘 일에 쫓깁니다. 이들을 좇는 것은 어른의 욕심입니다. 어디든 쫓아다니는 어른의 시선과 쉼 없이 쏟아지는 어른의 닦달이 아이를 바쁘게 합니다. 어른은 말로 미끼를 던지고, 시선으로 겁박하면서 아이를 더 높이 그리고 더 빨리 뛰도록 재촉합니다.

학생 어른이 던지는 미끼란 무엇인지요?

교사 아이의 미래 모습이지요. 오늘도 달리고, 내일은 더 빨리 달리면 달콤한 미래에 다다를 수 있다는 것이지요. 어른은 자신이 그려 놓은 달콤한 미래 모습을 미끼로 아이를 다그칩니다. 그리고 그러한 미래에 다다르려면 어른의 말을 따라야 한다는 겁니다. 어른의 말은 곧 명령입니다. 그 명령은 아이의 미래를 만드는 설계도라는 이름으로 아이 앞에 놓입니다. 아이는 설계대로 움직여야 합니다. 한 치의 오차도 용납되지 않지요. 문제는 어른이 짜 놓은 설계도에는 쉼표가 없다는 겁니다. 아이가 자유롭게 활용할 시간이 허용되지 않는 것은 물론입니다. 하루 24시간 어른의 눈총 아래에서 오직 달리는 일만 있을 뿐입니다. 경마에서 말이 측면이나 후면을 볼 수 없도록 말머리에 차안대遮眼帶를 씌워 앞만 보고 달리도록 하는 것처럼, 어른이 짜 놓은 설계도는 마치 차안대 같습니다.

학생 설계도를 수정해야 할 것 같네요.

교사 그렇습니다. 쉼표가 필요해요. 멈출 필요가 있습니다. 아이들 생활이 너무 숨 가쁘게 돌아갑니다. 아이의 시간을 아이에게 돌려주어야 해요. 자유롭게 사용할 수 있는 시간이 많을수록 아이는 행복합니다. 그들 마음대로 활용할 수 있는 시간이 필요해요. 그 시간은 순전히 아이만의 시간인 겁니다. 그 누구도 아이에게 주어진 시간의 활용, 용도, 쓰임을 규정해서는 안 됩니다. 어떤 경우라도 어른의 손과 발 그리고 시선이 닿아서도 안 됩니다. 그 어떤 간섭도 배제되어야 합니다.

학생 정말 학교생활 중에는 교문을 들어서는 순간부터 간섭 없는 시간이 없는 것 같아요.

교사 그렇지요. 간섭은 모든 기능을 멎게 합니다. 눈도, 귀도, 입도 기능을 잃어요. 간섭을 멈춰야 비로소 잃었던 기능이 되살아납니다. 볼 수 없었던 자신이 보이고 이웃이 보여요. 만날 수 없었던 자신을 만날 수 있고 이웃을 만납니다. 세상을 만나고 자연을 만납니다. 어른의 시선이 멈출 때 비로소 아이는 눈을 뜨고 귀를 열고 입을 엽니다. 그래서 매일, 매주 아이들이 스스로 꾸미고, 만들고, 생각할 시간이 필요하다는 겁니다. 적어도 학교생활 중에는 하루에 한 시간, 일주일 중 하루 정도만이라도 통째로 아이들에게 돌려주어야 합니다.

학생 결국 어른이 빼앗아 쥐고 있던 아이의 시간을 주인에게 되돌려주는 일이네요.

교사 맞아요. 아이의 시간은 아이의 것입니다. 어른은 자신의 시간을 아이에게 베푸는 것이 아님을 깨달아야 합니다. 아이가 활용해야 할 시간은 처음부터 아이의 것이었음을 인정해야 합니다. 어른이 관여할 일이 아니었던 거지요. 그러므로 아이의 시간을 어른이 일방적으로 꾸미고, 만들고, 색칠하고, 이렇게 혹은 저렇게 용도를 지정하는 것은 옳지 않아요. 시간의 주인인 아이들이 자신의 시간에 자신의 의지와 뜻 그리고 생각을 심고 가꾸는 것은 당연한 일인 겁니다. 시간을 활용한다는 말은 곧 삶을 만들어가는 거예요. 순간순간 주어지는 작은 시간에 무엇을 어떻게 뿌리느냐에 의해 어떤 모양이든 삶이 만들어 지는 겁니다. 아이의 시간을 아이에게 돌려주는 것은 아이 스스로 자신의 삶을 살아갈 수 있도록 그들의 삶을 허용하는 일입니다. 그래서 어른의 소리와 눈길이 닿지 않는 시간이 필요한 겁니다. 자신의 의지대로 소리 내고, 보고, 듣고, 만질 수 있는 시간이 있어야 하는 겁니다. 몸과 마음을 마음껏 활용할 수 있는 시간을 허용해 주어야 한다는 말이지요.

학생 결국 자유로운 시간은 스스로를 만들어 가는 시간인 거군요.

교사 정확한 말이에요. 장애가 없는 시간이니까요. 자유의 제한이나 속박은 모든 육체적, 정신적 기능을 움츠리게 만드는 장애가 됩니다.

학생 그런데 학교에서 자유롭게 활용할 시간을 주려면 그 시간을 활용할 여건이 먼저 만들어져야 되지 않을까요?

교사 물론입니다. 학교에서는 아이들의 성향, 흥미, 가치관, 취미, 특기, 성격 등을 고려하여 아이들이 그들의 시간을 생산적이고 창의적으로 보낼 수 있는 환경을 제공해야 합니다. 단순히 교과 교육을 위한 공간만이 아니라, 아이들이 자유롭게 소리 지르고, 뛰고, 만들고, 보고, 들을 수 있는 환경을 만들어 주어야 하는 거지요.

학생 학교에서 아이들의 필요를 충족시킬 수 있는 여건을 제공한다는 것이 쉬울 것 같지 않아요.

교사 물론입니다. 그래서 학교라는 제한된 공간에서 제한된 활용만을 요구해서는 안 됩니다. 공간의 제한은 그 자체로 부자유스러운 일입니다. 그래서 아이들의 필요와 요구를 충족시켜 줄 수 있는 사회시설을 활용할 수 있도록 해야 합니다. 시공時空을 제한하지 말라는 말이에요. 자신의 삶을 만들어 가는데 세상의 모든 것을 자유롭게 활용할 수 있도록 기회를 부여해야 하는 겁니다. 학교에서 부여하는 자유 시간에 반드시 학교에만 머물도록 하는 것은 옳지 않아요. 학교 밖으로 나가서 그들의 의지대로 시간을 활용할 수 있도록 허용해야 합니다.

학생 그런데 아이들이 자유 시간을 잘 활용할까요?

교사 처음에는 어려울 겁니다. 어른이 설계하고 어른이 주도하는 삶을 살아왔기 때문입니다. 자신의 의지가 상실된 극히 수동적인 삶을 살아 왔기 때문입니다. 어른을 위한 어른의 삶인 듯 꾸려온 삶이기 때문입니다. 자신조차 만날 겨를도 없이 쫓기듯 살아왔기 때문입니다. 자유를 누릴 능력조차 잃게 했기 때문입니다. 그만큼 아이들은 구속에 익숙해져 있는 겁니다. 그래서 멈춤을 이야기하는 겁니다. 자신을 만나고 자신과 이야기하고 자신을 돌아볼 자유로움을 말하는 겁니다.

학생 멈춘다는 것이 무엇을 의미하는 지요?

교사 아이들을 자유롭게 풀어주라는 말입니다. 아이를 옭아매는 행위를 멈추라는 거예요. 촘촘하게 짜진 설계도로 온몸과 마음을 칭칭 묶어 옴짝달싹 못하도록 하여, 이리저리 밤낮없이 끌고 다니는 것은 결코 아이를 위한 일이라고 할 수 없습니다. 어른이 짜놓은 설계도는 어른의 욕심뭉치일 뿐입니다.

학생 자유로워진다는 말은 결국 어른의 욕심으로부터 벗어남을 의미하는 거네요.

교사 맞아요. 자신을 자신의 의지대로 보여주고, 먹여주고, 어디든 데

려갈 수 있는 겁니다. 자신이 자신을 대상으로 무엇이든 마음껏 할 수 있는 겁니다. 어른이 그려놓은 미래를 향해 그토록 뛰었던 트랙으로부터 잠시나마 벗어날 수 있는 겁니다.

학생 자유 시간이 꼭 필요하다는 생각이 듭니다.

교사 그럼요. 아이의 시간을 어른이 통제하는 것은 아이의 삶을 통제하는 것과 같아요. 사실 아이들은 누구든 자신의 시간을 그 누구에게도 맡긴 일이 없어요. 그럼에도 불구하고 어른이 지배하는 것은 아이의 삶에 대한 횡포입니다. 아이는 자신의 시간을 맡긴 적도 없고, 어른이 마음대로 활용해도 좋다는 의사를 표한 적도 없어요. 어른이 일방적으로 아이의 시간을 가져간 겁니다. 아이의 시간에 아이 스스로 자신의 삶을 새겨 넣을 수 있는 자유가 필요합니다. 아이의 자유가 어른에게는 단순히 무질서로 비춰질 수도 있습니다. 아니면 발전이 아닌 지체 혹은 암울한 미래를 의미할 지도 모를 일이구요. 어른이 통제하는 시간동안 아이의 성장은 멎는다는 사실을 기억해야 합니다. 어른은 아이들의 자유로움 속에서 무질서와 지체, 그리고 아이의 어두운 미래를 보는 것은 아닌지 물어야 합니다. 지금 아이는 자신의 시간을 얼마나 가지고 있는지요?

선한 마음을 품게 하는가

선한 마음, 살 자격을 얻는 일이다

교사 이번에는 후기 인문주의를 대표하는 네덜란드 사상가 에라스무스의 사상을 토대로 도덕적인 사람이 되는 길을 찾아보겠습니다. '어릴 때부터 선량한 행위 양식에 익숙하게 하는 것', '경건한 마음을 깊게 기르는 것' 이것은 에라스무스가 제시하는 교육의 목적 중 일부입니다. 에라스무스는 이처럼 어린 시절부터 언행을 바르게 하고 고운 마음씨를 지니도록 가르쳐야 함을 강조합니다. 교육은 가정과 학교에서 공히 이루어져야 합니다. 에라스무스는 가정교육은 물론 학교 교육도 중시합니다. 그것은 '교육의 성공 여부는 교사와 부모에게 달려 있다.'는 그의 생각에서 알 수 있습니다. 아이의 선한 성품은 가정과 학교 교육의 협조 속에서 가능한 일입니다. 가정에서는 물론이고 학교 교육에서도 아이의 성품에 관심을 기울이고 또 어질고 착한 성품을 갖도록 노력해야 한다는 것입니다.

학생 그런데 교육에서는 아이의 성품보다 지식을 더 중시하지 않나요?

교사 그렇다면 문제지요. 에라스무스는 인격뿐 아니라 지성을 발달시키기 위한 환경 조성과 교육에도 관심을 둡니다. 그러나 도덕성이 전제되지 않는 지식이나 기능은 위험해요. 그럼에도 불구하고 도덕성에는 눈감고 오로지 생존을 위한 전략만을 교육의 과제로 제시하고 가르친다면 문제지요. 이 세상이 제시하는 생존을 위한 조건은 승리이고, 승리를 위한 전략은 타인을 극복하는 겁니다. 타인을 극복하기 위한 조건은 강력한 힘을 갖는 것이고, 극복 방법은 당연히 투쟁이지요. 투쟁은 상대를 이기고 극복하기 위한 싸움입니다. 투쟁에는 배려도 관용도 있을 수 없습니다. 베풂도 양보도 없지요. 오직 승리만 있을 뿐입니다.

학생 네 맞아요. 아이들은 서로가 서로를 넘어야 할 산이고 건너야 할 강이라고 생각해요. 그 산과 강을 넘고 건너지 못하면 산에 묻히고 강에 빠지는 수밖에 없는 거고요.

교사 네, 그러한 생각이 학교를 투쟁에서 이기기 위한 도구를 만드는 장소로 변질시키는 겁니다. 인간을 만드는 곳이어야 할 학교가 싸움에서 이길 수 있는 날카롭고 강한 도구를 만드는 장소로 변질되는 거지요. 그런데 투쟁의 도구는 무엇인가요? 자기 자신이잖아요. 자신이 투쟁의 도구잖습니까? 결국 자신을 날카롭고 강한 힘을 지닌 투쟁의 도구로 만들어가는 겁니다. 이것이 인간성에서 배려심이 사라지고 타인에 대한 도덕적 관심이 불필요해지는 이유입니다. 투쟁의 도구인 자신이 상대방이 다칠까 염려하고 상대방을 고려한다면 투쟁에서 패자가 될 것은 뻔한 일 아니겠어요. 도덕적 본성을 억제하는 것이 경쟁 효율성을 높이는 일이지요. 그러니까 투쟁의 도구가 강하고 날카로울 수밖에 없는 겁니다. 이러한 상황 속에서 인간은 하루가 다르게 성마르고 거칠어집니다. 이것은 도덕적 본성이 위축되고 도덕성이 사라지는 이유입니다. 투사가 갖추어야 할 유일한 도덕은 자기배려입니다.

학생 그럼 어떻게 해야 할까요?

교사 거듭 강조하지만 도덕성을 갖출 수 있도록 가르쳐야 합니다. 도덕은 타인을 극복의 대상으로 보지 않습니다. 오직 자신만이 극복의 대상입니다. 도덕적 삶을 가로막는 천박한 자신만을 경쟁의 대상으로 삼습니다. 그러면서도 자신의 잠재된 능력을 얼마든지 끌어내고 성장시킬 수 있습니다. 도덕성이 가미된 능력 발휘여야 도덕적 능력이 되고, 자신은 물론 공동체를 위한 능력으로 선용됩니다. 오직 타인을 극복하려는 욕심으로 그득 찬 사람의 능력은 이기적 능력이 되고 공동체 발전을 해하는 힘으로 작용할 가능성이 큽니다.

학생 바른 품성을 지닌 아이로 성장할 수 있도록 가르쳐야 한다는 말씀이군요.

교사 그래요. 행여 학교에서 타인과의 싸움을 부추기고 싸움에서 이기기만을 바라고 상대 위에 우뚝 서기를 요구한다면, 그리고 패배자는 생존이 불가함을 끊임없이 세뇌시키고 승리만이 살길임을 뇌리에 주입하면 아이들은 생존의 조건은 승리라는 등식을 가슴에 품고 성장하게 됩니다. 그러면 아이 눈에 비친 타인은 투쟁의 대상일 뿐입니다. 함께 어울려야 할 협력의 대상일 수 없습니다. 그리고 타인을 투쟁의 대상으로 바라보는 아이에게 있어 승리의 방법은 오직 하나입니다. 다른 아이들보다 더 높이, 더 빨리, 더 멀리 달리는 것이지요. 더 높이, 더 빨리, 더 멀리 어디론가 질주해야 승리 가능성과 생존확률을 높일 수 있습니다. 생존을 위해서는 2등은 의미 없습니다. 올라서지 않으면 밟힌다는 것, 강한 것이 아름다운 거라는 생각이 삶을 지배하게 됩니다. 이런 상황에서라면 함께 뛰는 아이를 바라볼 것도, 배려할 것도, 도와 줄 것도 없지요. 오히려 상대가 넘어지면 행복한 일이 됩니다. 이것은 천박한 승리입니다. 만일 타인과의 싸움에서 이기는 방법을 일러주는 것이 교육이고 그 방법을 터득하기 위해 학교 문을 두드리도록 만든다면 그것은 존엄한 존재를 천박한 존재로, 인간을 비인간으로, 도덕적 존재를 비도덕적 존재로 변질시키는 일이며 아이에게 죄를 짓는 일입니다. 투쟁의 도구를 만드는 것이 학교의 존재 이유이고, 교육을 해야 할 이유라면, 그리고 이것이 교육의 전부라면 매우 위험한 일이에요. 에라스무스의 눈으로 바라볼 때에도 같아요. 투쟁을 위한 교육은 결코 아이들을 대상으로 이루어질 수 없는 악행이고 죄악입니다.

학생 에라스무스의 이야기를 조금 더 해 주실 수 있나요? 더 듣고 싶어요.

교사 그럴게요. 에라스무스의 교육도 승리를 지향합니다. 그러나 겨룸의 대상이 달라요. 에라스무스는 자신과의 겨룸에서 이기고 승리를 쟁취할 수 있기를 원합니다. 자만심이나 교만한 마음을, 이기적이고 쓸데없는 욕심을, 탐심과 탐욕스러움을 극복할 수 있는 경건한 마음을 기를 수 있도록 노력하라는 거지요. 개개인이 노력해야 하고 그것을 돕는 것이 교육이어야 한다고 말합니다. 그리고 다른 사람과의 관계에서는 서로 공경하는 마음을 지니도록 해 주어야 한다고 말합니다. 교육은 겸손하고 서로 조심하는 마음을 갖도록 해 주는 것이라는 것이지요. 서로 정중하게 대하는 법을 가르치는 것이 교육이라는 겁니다. 말이나 태도도 위엄이 있고, 정중해야 하고, 점잖고 엄숙해야 한다는 것이 에라스무스의 생각입니다. 에라스무스의 교육은 결코 천박한 승리를 꾀하고 세속적인 승리자를 위한 교육이 아닙니다. 자신의 인간미를 돋우고 도덕성을 갖춘 참된 승리자를 위한 교육입니다. 지금 아이들 앞에서 펼쳐지는 교육이 진정으로 아이의 삶을 윤택하게 만들어주는 교육인지 천박한 승리자를 꾀하지는 않는지 돌아봐야 합니다.

부모는 아이가 만든다는 사실을 아는가

당연한 부모는 없다

교사 이번에는 가정교육 이야기를 해 보려고 합니다. 가정은 인간 교육의 모태입니다. 가정은 아이가 만나는 첫 세상입니다. 최초의 교육 환경이고 최초의 학교입니다. 부모는 최초의 교사고, 그의 말과 웃음은 최초의 교과서고 가르침입니다. 가정의 교육적 기능은 다양하고 중요해요. 가정은 아이들이 자신을 깨닫고 타인을 배우고 사회를 익히는 곳입니다. 사회적 삶을 위한 준비의 장場이기도 하고요.

학생 가정환경을 중요하게 생각하는 이유가 있군요.

교사 그럼요. 가정환경은 곧 교육 환경이기도 한 겁니다. 인간은 환경적 존재예요. 인간은 환경에 대한 의존도가 높습니다. 환경에 의해 길러진다고 해도 지나치지 않지요. 환경의 영향으로부터 교육은 시작되는 겁니다.

학생 특히 중요한 환경이 있는지요?

교사 물론입니다. 그런데 환경의 중요도를 평가하는 것이 쉬운 일은 아닙니다. 같은 환경이라도 사람에 따라 영향의 정도가 다르기 때문입니다. 그럼에도 굳이 따져본다면 부모가 아닐까 합니다. 부모는 가정환경을 만들어가는 주체로서의 기능을 한다는 점에서 그렇습니다. '자녀의 인격과 지성을 발달시키기 위하여 적절한 환경을 준비시키는 것은 신과 사회에 대한 부모의 빚이다.'라는 말은 에라스무스의 생각입니다. 에라스무스는 아이에게 적절한 환경을 마련해 주지 못하는 부모를 질타하기도 했고, 자녀를 애완용 동물처럼 과잉보호하는 어머니들도 비판했습니다.

학생 아버지나 어머니가 아이에게 미치는 영향이 크다는 말씀이군요?

교사 그렇습니다. 영향력은 공간적 거리와 관련이 있습니다. 거리가 가까울수록 영향력 역시 크게 마련이지요. 그런 의미에서 부모는 가정에서 가장 많은 영향을 미치는 존재일 수밖에 없어요. 가정교육의 책임자인 셈이지요. 함부로, 아무나 부모가 될 수 없는 겁니다. 부모는 삶 자체가 교과서로서의 기능을 해요. 부모의 삶은 그 자체로 아이의 본보기가 됩니다. 그대로 보고 배우기 마련이니까요. 뿐만 아니라 아이들의 특성을 계발하는 과정에서는 타일러서 잘못이 없도록 주의를 줄 수 있는 능력도 필요합니다. 부모가 도덕적 인품을 지녀야 하는 것은 말할 것도 없이 중요합니다. 아이가 바람직한 태도를 갖출 수 있도록 가르치는 지혜도 필요하고요. '자식은 낳기보다 키우기가 더 어렵다.'는 말이 그냥 생긴 말이 아니지요.

학생 부모는 정말 아무나 될 수 없는 것 같아요.

교사 그렇지요. 부모는 많은 노력을 해야 합니다. '좋은 어머니는 100인의 교사보다 낫다.'라는 말이 있어요. 이것은 어머니의 교육적 영향력의 크기를 가늠할 수 있는 말이지요.

학생 그러면 부모님의 가르침대로만 하면 좋은 사람이 되는 건가요?

교사 그렇지 않아요. 이 부분에서 착각하면 안 되는 것이 있어요. 교육은 교육자인 부모의 요구대로 이루어지는 것이 아니라, 아이의 필요와 요구가 반영되어 이루어져야 한다는 겁니다. 즉 부모의 교육적 역할은 아이들의 필요에 의해 정해져야 한다는 말이지요. 부모의 교육적 역할은 부모가 정하는 것이 아니라는 말입니다. 아이들이 부모가 맡아야 할 역을 배정하는 구조지요. 즉 친구를 필요로 하면 친구가 되어야 하고, 교사를 필요로 하면 교사가 되어야 하고, 의사가 필요하면 의사가 되는 식입니다. 때에 따라서는 단순히 지나치는 이웃 아저씨에 머물 수도 있는 겁니다. 아무리 훌륭한 가르침도 아이의 요구나 필요와 무관하다면 아이의 공감을 얻지 못하게 되고, 그러면 부모의 행위는 아무리 많은 공을 들였다 해도 의미 없는 일이 되고 말지요. 부모는 아이가 만드는 겁니다. 아이의 필요가 부모를 어떤 존재로든 만들게 되는 거지요. 아이가 필요로 할 때 부모는 비로소 부모가 됩니다. 아이가 있으니 부모이고 아이를 낳았으니 부모가 아니라, 아이가 부모로서의 역할을 부여하고, 부모로 인정하고 허용할 때 비로소 부모가 될 수 있는 겁니다. 그리고 아이의 필요와 요구에 맞는 역할을 하고 아이의 기대에 부응할 때 부모로서의 자격은 계속 유지될 수 있습니다. 이처럼 부모는 자녀로부터 자격이 주어집니다. 이 말은 자녀는 언제든 부모의 자격을 박탈할 수도 있다는 말이기도 합니다.

학생 부모의 역할이 너무 벅차 보여요.

교사 그럴 수밖에 없어요. 부모의 역할 수행 정도에 따라 아이들의 성장이 달라지거든요. 부모가 자신에게 배정된 역을 긍정적으로 받아들이고 최선을 다할 때 아이들 또한 좋은 영향을 받고 바람직한 존재로 성장을 하게 됩니다. 마지못해 어쩔 수 없이 행하거나 무시할 때 아이의 꿈은 스러지고 성장은 멈추게 마련이지요. 꿈은 이룰 수 있다는 희망을 주어야 합니다.

학생 말씀을 들을수록 교육이 얼마나 중요한 일인지 실감하게 됩니다.

교사 그렇지요. 인간은 교육 없이는 먹을 수도, 걸을 수도, 말할 수도 없는 겁니다. 인간은 철저히 교육적 존재예요. 교육 없는 인간은 없어요. 교육이 인간을 만드는 겁니다.

학생 부모가 되기 전에 부모로서 갖추어야 할 자질 먼저 익혀야겠어요.

교사 좋은 생각입니다. 그래서 부모 교육이 필요해요. 그리고 부모 교육은 일회성 교육으로 끝나서는 안 됩니다. 평생 계속되어야 해요. 아이의 성장에 따라 부모의 역할도 달라져야 하기 때문입니다. 즉 아이의 성장에 따라 아이의 필요와 요구가 달라지고 부모의 역할은 변하는 아이의 필요와 요구에 응할 수 있어야 하기 때문입니다. 변하는 아이의 요구와 필요에 맞는 맞춤식 부모 교육이 필요하다는 말씀입니다. 인문주의자들은 가정에서 예절, 훌륭한 말솜씨, 건전한 식사와 음주 습관 등을 배워야 한다고 말하기도 해요. 아주 구체적이지요. 한 번 더 강조하지만 부모의 삶은 그대로 아이의 삶으로 이어져요. 말 한마디, 행동 하나까지 그대로 아이의 삶을 만드는 재료가 된다는 사실을 명심해야 합니다. 부모의 말은 입 밖으로 나오는 순간 아이의 말이 되고, 부모의 행동은 행해지는 순간부터 아이의 행동이 됩니다. 그래서 부모의 삶을 교과서라고 이야기하는 겁니다. 아이들은 부모에게서 보고 듣고 느낀 대로 습득하고 반복하고 내면화하여 결국 부모의 모습을 자신의 생활 속에서 재현하거든요. 아이는 부모를 소비함으로 성장합니다. 아이는 부모의 행복, 기쁨, 편안함을 소비해요. 그리고 따뜻함과 정겨운 손길을 원하지요. 부모는 늘 행복해야 합니다. 기쁘고 즐거운 생활은 부모의 의무에요. 그것이 아이들의 삶을 행복으로 이끄는 길입니다. 아이의 행복권은 부모의 의무 이행으로 보장 됩니다.

가정은 교육적인가

부모의 직업은 온 존재로 꽃을 피우는 일이다

교사 가정교육이 중요하다는 것은 널리 알려진 사실이지요. 가정이 학교고 부모가 교사인 거죠. 지금까지 이야기한 것처럼 좋은 학교나 좋은 교사가 되는 길은 험해요. 많은 노력이 필요하죠. 교육을 위한 공간으로서의 가정과 교육을 위한 교사로서의 부모가 되어야 가정교육은 가능할 겁니다.

학생 그런데 가정에서는 어떤 교육을 담당해야 할까요?

교사 네, 가정에서는 도덕적 습관을 길러주어야 해요. 인간으로서 갖추어야 할 기본적인 생활습관을 일러주는 거죠. 그러기 위해서는 가정이 먼저 도덕적이어야 해요. 도덕적으로 건강한 가정이라야 가르침이 가능하거든요.

학생 도덕적으로 건강하다는 것이 어떤 의미인가요?

교사 가족을 뜻하는 영어의 'family'는 하인을 의미하는 라틴어 'famulus'를 어원으로 한다고 해요. 이 어원은 여성이나 아이 그리고 하인이라는 가족 구성원이 가장인 남성의 소유물로 간주되었다는 것을 의미하죠. 이렇게 가족은 평등의 개념이 아니라 소유의 개념으로 간주되었어요. 배장섭은 가족은 경제적인 가치를 지닌 물건으로 여겨졌고 가장을 제외한 모든 것은 사람과 물건을 가리지 않고 모두 가장에게 귀속되었다고 말해요. 이러한 가부장적인 가족 제도는 그 이후 오랫동안 지속되었어요. 고대 로마시대는 물론이고 중세를 거쳐 근세까지도 지속되었지요. 가장인 남성들만 가족 내에서 자유가 허용되었을 뿐 나머지에게는 자립적인 자유가 허용되지 않았던 겁니다.

학생 도덕적으로 건강하다는 것이 무슨 의미인지 알겠어요. 가족이 수평적이고 평등한 관계 속에서 서로를 존엄한 존재로 인정해주는 가족이 도덕적인 가족이라는 생각이 들어요.

교사 맞아요. 헤겔은 전통적인 가부장적 가족을 해체하고 사랑과 평등으로 가정을 재정립했어요. 가정은 평등한 사랑과 자유 위에서 성립되어야 한다고 말해요. 부부는 사랑으로 자녀를 낳고, 사랑으로 양육하고 훈육할 때 자녀들 또한 새로운 사랑을 낳는다는 거죠. 사랑은 사랑을 낳고 사랑을 번식시키는 일이에요. 그러니까 도덕적으로 건강한 아이는 건강한 부모의 사랑으로 이루어지는 거죠.

학생 가정은 사랑의 결정체네요.

교사 네, 그래요. 가정은 사랑하는 남녀가 공동의 힘으로 만들어가는 거예요. 가정을 만들어가는 힘은 사랑인 거죠. 사랑으로 만들어 가는 것이 가정이기 때문에 가정에서 태어나는 아이들 또한 사랑의 결실인 셈이에요. 그러니까 가정의 붕괴, 해체는 사랑의 붕괴요, 해체를 의미합니다. 가정을 받치고 있는 사랑이라는 기둥이 썩고 부러지고 지탱할 힘을 잃는 거죠. 가정의 해체는 단순히 하나의 가정이 사라지는 것이 아니에요. 아이들을 사랑이라는 울 밖으로 내던지는 비인간적 행위예요. 단순한 아픔이 아니지요. 심각한 삶에 대한 훼손이며 사랑의 상실인 거지요.

학생 가정이 도덕성을 잃는 것은 가족의 삶 전체를 흔드는 일이군요.

교사 그렇지요. 가정교육에서 도덕성을 강조하는 이유예요. 가정을 건강하게 만들어갈 일차적인 책임은 부모에게 있어요.

학생 좋은 부모에 대해 생각하게 해요.

교사 그렇죠. 좋은 부모는 가정을 구성할 때 서로에게 했던 사랑의 약속을 지키지요. 좋은 부모를 둔 아이가 행복한 것은 당연한 일이고요. 좋은 부모가 좋은 아이를 만드는 거예요. 그리고 좋은 부모는 아이의 일생을 행복하게 해주죠.

학생 가정은 사랑으로 만들어진다는 말의 의미를 알 것 같아요.

교사 그렇지요. 사랑 없는 가정은 없어요. 사랑으로 부부가 이루어지고 사랑으로 부모자녀의 연이 형성되는 거죠. 가정이 온갖 역경과 어려움을 헤쳐 나갈 수 있고, 부패하지 않고 오랜 세월 지속되는 것도 사랑이 있기에 가능한 겁니다. 사랑은 부패와 낡음을 방지하는 훌륭한 방부제이기 때문입니다.

학생 정말, 부모는 아무나 함부로 되는 게 아니라는 생각이 들어요. 부모에게 지워진 의무의 크기가 엄청나네요.

교사 그럼요. 부모는 존재 자체가 교육이에요. 교육은 부모가 자녀에게 베푸는 최고의 사랑입니다. 그러니까 자녀를 교육한다는 말은 자녀를 사랑한다는 말이에요. 그런데 간혹 부모의 사랑을 그리워하는 아이들을 봅니다. 대체로 아이의 자리에 돈을 놓는 경우입니다. 돈과 함께하고, 돈을 즐거워하고, 돈에 울고 웃고, 돈을 품에 품을 때 아이들은 설 곳이 없어지는 거죠. 돈을 쥔 부모의 손을 아이는 잡을 수가 없습니다. 돈을 향한 부모의 마음을 돌리기도 쉽지 않습니다. 돈을 품은 품안에 안기기란 불가능한 일입니다. 돈만을 그리며 살아가는 부모에게서 사랑을 찾기란 어려운 일입니다.

학생 아이 손 대신 돈을 잡고 있다는 말씀이 마음에 걸리네요.

교사 그렇지요. 그것은 폭력이나 다름없어요. 문제는 아이들의 마음에서도 사랑이 사라진다는 겁니다. 그리고 사랑의 자리에 돈을 품게 되는 거죠. 돈을 사랑하는 존재가 되는 겁니다. 돈을 버는 기계만을 보고 자란 아이들 역시 돈의 노예가 된다는 겁니다.

학생 좋은 부모는 멀고도 험한 길이네요.

교사 그럼요. 로마 제정 시대로 접어들면서 가정교육은 쇠퇴하고 학교교육이 본격화되는데 그 이유 중 하나는 교사로서의 부모가 사라진 것이었어요. 그 전까지 부모는 훌륭한 교사였어요. 아이들에게 본보기로서 손색이 없었죠. 그들의 생활은 아이들의 존경을 받기에 충분했고, 아이들은 아낌없는 존경과 사랑을 보냈고요. 그런데 제정 시대로 접어들면서 부모들이 교사로서의 자질을 상실했어요. 도덕적으로 부패한 거죠. 가족들의 사랑은 사라지고 믿음도 존경심도 자취를 감추었어요. 이혼이 성행했고, 자연히 아이들을 감싸주었던 따뜻한 사랑 또한 자취를 감추었어요.

학생 정말, 부모의 생활모습은 그 자체가 교과서라는 말이 실감나요.

교사 그럼요. 아이들은 부모의 생활 모습을 보면서 사랑을 배우고, 삶을 익혀요. 아이들이 어떤 존재였으면 좋겠다고 생각하면 부모가 그런 존재로서의 모습을 보여주면 돼요. 사는 모습을 보여주면 아이들은 자연히 부모들이 원하는 대로 살아가게 되거든요. 삶은 배우는 것이거든요. 부모들의 모습은 바로 아이들의 모습이 되는 겁니다.

학생 부모의 가르침은 끝이 없겠네요.

교사 그럼요. 영원한 스승이고 영원한 제자인 거죠. 아이들은 부모들의 가르침을 먹고 자라잖아요. 가르침을 멈추면 안 되는 이유에요. 가르침이 멈추면 성장도 멈추게 마련이죠. 공화정 시대 부모들의 가르침은 의도적인 가르침이었어요. 계획적이었죠. 필요하면 교재도 만들었어요. 가르침을 위해 충분하고 지속적인 노력을 기울였던 겁니다. 아이들에게 필요하다고 판단되는 내용들을 스스로 선정하여 가르침의 내용으로 만들고 방법을 고안하여 나름대로의 체계와 형식 속에서 가르침이 이루어졌어요. 그런데 이러한 교육은 오늘 우리 가정에서도 그대로 적용 가능하다고 생각해요. 또 그래야 한다고 봐요. 로마 시대의 부모들과 비교해 오늘날 부모 역시 가르쳐야 한다는 점에서는 크게 다르지 않은 겁니다. 오히려 그 중요성이 더욱 커지고 있다고 생각해요. 아이들이 살아가야 할 세계는 훨씬 더 넓고, 복잡하고, 다양하고, 극복해야 할 대상도 훨씬 많아졌기 때문입니다. 아이들이 자신들이 지니고 있는 능력과 소질을 찾고 계발하고 그것을 소재로 살아갈 수 있는 환경이 점점 더 훼손되어가고 있기 때문에 그것을 지키고 가꾸어 나아가기 위한 힘이 더욱 필요해진 겁니다.

학생 정말 부모는 위대하네요.

교사 물론이에요. 부모로 존재하는 한 위대한 움직임은 멈추지 않습니다. 아이들과 만나는 순간순간은 모두 교육이 이루어지는 순간들입니다. 부모의 말은 물론, 눈빛 하나, 흘리는 숨소리조차 아이들의 가슴에 그대로 쌓이는 겁니다. 늘 교과서로서 손색은 없는지, 낡고 병든 내용은 없는지, 그리고 아이가 사랑결핍증에 걸리지 않았는지 돌아볼 일입니다.

행복한 교사는 어떻게 가르치는가?

초판 1쇄 인쇄 · 2021년 6월 14일
초판 1쇄 발행 · 2021년 6월 21일

지은이 · 지봉환
펴낸이 · 천정한
펴낸곳 · 도서출판 정한책방

출판등록 · 2019년 4월 10일 제2019－000036호
주소 · (서울본사) 서울 은평구 은평로3길 34-2
(충북지사) 충북 괴산군 청천면 청천10길 4
전화 · 070－7724－4005
팩스 · 02－6971－8784
블로그 · http://blog.naver.com/junghanbooks
이메일 · junghanbooks@naver.com

ISBN 979-11-87685-57-9 (03370)

• 책값은 뒤표지에 적혀 있습니다.
• 잘못 만든 책은 구입하신 서점에서 바꾸어 드립니다.